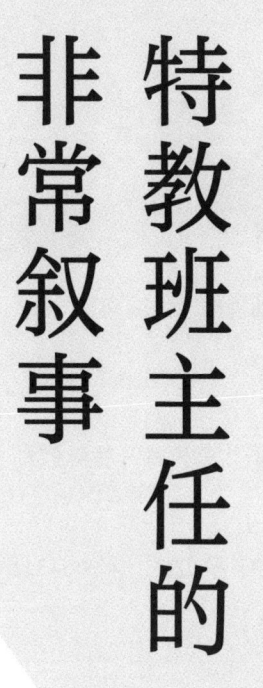

特教班主任的非常叙事

杨雪梅 著

江西教育出版社
南昌

赣版权登字-02-2022-163
版权所有 侵权必究

图书在版编目（CIP）数据

特教班主任的非常叙事 / 杨雪梅著. —— 南昌：江西教育出版社，2024.5
　　ISBN 978-7-5705-0855-6

　　Ⅰ.①特… Ⅱ.①杨… Ⅲ.①儿童教育－特殊教育－班主任工作 Ⅳ.①G76

中国版本图书馆CIP数据核字（2022）第0064541号

特教班主任的非常叙事
TEJIAO BANZHUREN DE FEICHANG XUSHI

杨雪梅　著

江西教育出版社出版
（南昌市学府大道299号　邮编：330038）

出品人：熊　炽
责任编辑：冯会珍
美术编辑：张　延

各地新华书店经销
江西赣版印务有限公司印刷
700毫米×1000毫米　　16开本　　14印张　　195千字
2022年4月第1版　　2024年5月第2次印刷

ISBN 978-7-5705-0855-6
定价：45.00元

赣教版图书如有印装质量问题，请向我社调换　电话：0791-86710427
总编室电话：0791-86705643　　编辑部电话：0791-86708350
投稿邮箱：JXJYCBS@163.com　　网址：http://www.jxeph.com

序

觉醒、守望与推动

读杨雪梅老师的书稿，嵌入内心最不能抹去的是三个词，觉醒、守望与推动。

一

从杨老师的文字、讲座和各式各样的交流中，我们大致可以了解她的过去：在师范学校，学的是特殊教育专业；参加工作后，从事的是特殊教育职业。学为所用，学而有用，这种专业与职业的无缝隙对接，让她在特教岗位上应对自如。可以说，花费不了多大的力气，她就可以胜任自己的工作，并且做得比别人还要稍微好一些。事实上，杨老师的的确确做得足够好，从她可以获评威海市的"名班主任"培养人选就可以看出来，在特教领域，她绝对是班主任中的佼佼者。

以我的认知，特教是一个比较封闭的系统，也是一种相对轻松的职业。没有普通中小学教师的升学压力，也不会有太多的考评和考核。在这样的岗位上，人更容易贪求生活的舒适和安逸，也更容易走向平庸和随波逐流。因为，没有外在逼迫的生活，本身就存在着巨大的风险——你不去挣扎，就没有人提示你需要挣扎。所以，我一直觉得这个职业领域很难让人产生强烈的挣扎感，也很难让人产生追求卓越的进取心。因为，这样的生活工作环境太容易吞噬一个人的梦想。我之所以这样说，是因为在我的职业困惑期，也曾有过类似的感受：生活总会被一种叫作"习以为常"的东西所包裹，想要挣扎，却很是无力。

基于以上分析，雪梅老师本可以躺在相对成功的生活里选择享受或者消费，但她却走上了一条远离喧嚣的、更为艰难的成长之路。为什么呢？我曾经问过她类似的问题。她说："因为梦想，趁着还有做梦的能力，我要与平庸尽可能保持着必要的距离。"就像雪梅老师说的，在一种颓废的生活里待久了，就要跳出来、逃出去，然后换一种姿态去重新守护教育，守护生活。其实，这就是一种觉醒，而觉醒是人生最大的馈赠，有了它，人生就有了万千种可能。

有人说，万物皆有裂痕，那是光照进来的地方。你看，即使是阳光，也需要有一个可以进入的裂缝。而觉醒无疑就是人生裂变起始的一条裂缝，可以放阳光进来。

二

雪梅老师的觉醒，就是这样一种光与裂缝的机缘。这束光，便是文字。

2016年，于我，于杨老师，都是一个值得铭记的时间。杨老师说，"2016年是我人生中最清晰不过的一条分界线，线的两边是我截然不同的两种生活"。如此，杨老师的觉醒，其实是从文字开始的，从一种不被文字所知的简单重复，直至过上一种由文字滋养和扶持着的生活。文字是光，照耀教育生活的方式就是对琐碎的雕琢与庸常的凝练。当雪梅老师开始用文字点燃教育激情、点亮教育生活时，教育里的一切都开始变得很生动起来：那个用别样举动传情的男孩，那些握在手心里的馒头……

几乎所有的人都觉得雪梅的成长令人不可思议：从开始正式加入写作者的行列，到第一篇文章发表，到越来越多的文章发表，到成为写作领域里知名的"杨大牛"，她用的时间很短，短到令人惊讶或不愿意相信。可是，她的确做到了。她是一个超越者，用自己的速度和方式超越了一个又一个相同方向的行者。很多人不解，试图去解读难得一见的"雪梅现象"，我也曾经思考过这个问题，终也未能有过明晰的答案。但是，我相信"雪梅现象"的出现绝非偶然，而应该是一种必然，或者说是水到渠成的自然而然。

其实，如果你认真阅读这本书，就可以发现，杨老师始终抱着一种理性的思考在行走。她在一线的长期实践中之所以始终没有彻底归属于平庸，是因为她的内心与世俗之间始终保持着一段距离，始终筹措着向上的准备。她只是在等待一个机会，或者是方式。2016年就是这样一个机会，文字就是她最需要的方式。当她知道了怎样用文字守望教育的时候，前期那么多年的积淀和储存就会倾泻而来。所以，当她在那年那时寻找到文字这把钥匙之后，她便专心致志地开始用文字来守望教育。

所谓守望，简单地说，就是用文字复述、思考、认识，在不断地辨析与发现中重新走进教育。这一本书中的所有文字，其实就是这样一种守望。

三

推动，其中一种方式，便是带着更多的人一起欢欣，一起成长。

在中国，最不缺什么样的一线教师？勤奋、吃苦、愿意付出，有着丰富实践经验的老师。在中国，最缺什么样的老师？经常回望、善于思考、积极反思，有创新意识和改革能力的老师。当然，这是一种抽象出来的行为模式，表现在具体的教育生活之中，很突出的一点便是读书、写作、研究的教师很少。这也是绝大多数一线优秀教师停留在"好老师"层面的原因，因为缺少了思考与研究，他们缺少继续成长的动力和能力。当杨老师凭借文字走向了反思与研究，走向了更为深入的成长与成功，自然就更加懂得了读书、写作与研究的价值。她知道，一线教师要想获得突破性成长，必然要走上读写研之路。她更知道，他们需要有人去发动、唤醒和引领，需要有人去做那个振臂一呼的人。

杨雪梅老师责无旁贷地担起了"振臂一呼"的责任，成为那个为一线教师抱团成长牵线呐喊的人。雪梅读写团队就这样，在一个不知不觉、不红不火的日子里诞生了。从十几人到几十人，从单纯的读书写作到系列的专题研究，从单一的团队到团队指导下的工作室建设，一种庞大的生长力量在美丽的滨海小城聚拢，并迅速生成势不可当的飓风。她的团队，曾经被人称为"蝗军"，因为团队所到之处几乎可以囊括所有的发稿机会，可以抢夺到众多媒体的发表版面。从一个人到一个团队，成长不仅可以看得见，而且时时被仰视、被推崇。杨老师和她的团队，在当下的中国基础教育领域丰收了足够的影响力，并且必将继续播种、继续丰收、继续义无反顾。

从一个特校里的优秀班主任，到全国范围颇具影响力的教育工作者，杨老师拓展的不仅是自己的平台和成长范围，更是自己的视野、理念和研究领域。现在的她，不再仅仅属于特殊教育，而是整个教育和全部的教育。她的研究视角，已经迈过很多直抵最前方。我相信，她和她主持的"教育名家工作室"，必将在中国基础教育领域留下自己的印迹。

因为觉醒，选择了文字；因为文字，选择了守望和推动。我觉得这本"非常叙事"的非常之处也许就在于，雪梅老师是通过一个个的故事，讲述教育，讲述成长。

叙事教育倡导者　王维审

自序

生命中，那些贯穿灵魂的等待

"你这些天干什么去了，怎么一直不来上课？"一声怒喝，将我"定"在了原地，本来有些吵嚷的杂货店，瞬时静了下来，大家齐刷刷地把目光投到了我身上。"你这个人到底怎么回事，嗯？"

一个扎着马尾的小女孩，仰起头努力与我对视，一手指着我的鼻子，一手叉着腰，满脸的怒意。我翻了翻包，刚想用纸巾帮她擦去已流到了下巴上的口水，她却突然紧紧抱住了我，小脑袋不停地在我身上蹭着，嘴里还絮絮叨叨："等你好多天了，知道不？"

泪，很没出息，"唰"地一下夺眶而出，顾不得有多少双眼睛正盯着我看。那小小手臂传来的温暖触感，似清泉，瞬时沿着心底流淌蔓延……

一

确实好多天没去过学校了。工作需要，开学前一天，一道紧急命令将我从坚守了近20年的特殊教育工作岗位抽离，仓促得来不及和班上的孩子们说一声再见。

一个人去教室，默默地收拾好自己的东西，把尘封了两个月的角落打扫干净，和照片墙上的每一张小脸保持了几秒钟的对视，然后，我悄然转身,不说再见。

走廊里,隔壁班那个高大男生似乎仍候在门口,毫不倦怠地向路过的每位老师响亮地问着好,咧开的嘴角,绽出的是得到回应后的幸福与满足;楼梯拐角处,依稀捕捉到小雨探头探脑的身影,两年前的一次工作调整让我和他之间有了一层楼的距离,于是,他便常常在那里徘徊,看见我出现后赧然一笑,再飞快地跑开;一楼的喧闹中,"那是我班的杨老师""我坐过老师的车,你呢"之类的不休争辩还响在耳畔,可摇摇头,周遭只是一片静悄悄;目光带着惯性扫向操场,孩子们跌跌撞撞活动的身影让我的"小心点"脱口而出,只是这次,再没有了满头大汗向我飞奔而来的欢快作为回应……

一切,都是日常琐屑的再现;一切,又都在这离别之际突然形于心间。就像这偌大的校园,我曾一直以为它耗费的是我大把的青春时光,离开后才发现,每一寸土地其实也都滋养过我的成长。

近20年的"积蓄",将车里塞得满满当当。可驶出校门的那一刻,我的心,分明是空的。

二

1999年,中师毕业的我被分配到了荣成市聋哑学校(后更名为荣成市特殊教育学校)工作。这一消息,在我平静的生活圈子里泛起了重重涟漪。"你是个正常人,难道要一辈子比比画画过日子?"在父母看来,天天守着一群听障儿童,就相当于自己失语了。"好好的一个姑娘,去教一群听障儿童?"街坊四邻同情的目光,曾陪伴了我好长时间。连自己也始终迈不过心中的那道坎,别人问及工作单位时,总是含混地一语带过。不可否认,工作后的很长一段时间,我都仅限于按部就班地做应该做的事,对那种环境、那群孩子始终带着无法融入的疏离。

一个周末,意外的访客搅扰了我内心的平静。邻居气喘吁吁地找到我:"快,村子里来了个不会说话的小姑娘,见人就举着'找杨老师'

的纸条打听呢，是不是你的学生？"我匆匆出门，看见班上的怡正在人群中边打着手语，边急切地展示着手里的字条。看见了我，孩子飞奔过来，先是从书包里掏出两个桃子塞到我手里，然后飞快地比画着："老师，你最近脸色不好，前几天也没上课，大家猜你是病了。同学们都想来看你，可是坐车不方便，都在等你回来……"我一怔，都说聋哑人的内心是麻木冰冷的，我也相信不健全的世界里，情感必定是残缺的，所以从来都没有试着触碰过它的温度。

此时此刻，看着这个要换好几次车，步行好长一段路，带着全班的记挂站到我面前的小姑娘，我的心怦然一动：每种职业，都有它必须存在的价值，不论位高位低；每个孩子，都值得被呵护，不论健康残缺。只要愿意，在这个特殊的岗位上，我也可以候到别样的春天。

三

2003年，考虑到越来越多的智力落后儿童面临着无学可上的情况，学校正式更名转型，开始招收智力落后和自闭的孩子。年轻的我也因此成了启智班的一名班主任。

开学那天的忙乱，至今回想起来都心有余悸：被推得横七竖八的桌椅，在陌生环境中哭闹不停的孩子，围着我各种问长问短的家长……好不容易安顿妥了一切，送走了家长，却发现更多的麻烦事在等着我。无论我带着孩子指认多少次，他们依然找不到厕所，即便进去了，也无法独自如厕；有的孩子根本不会进餐穿衣，哪怕我手把手地教，也不见什么收效；有的孩子好动到一分钟也静不下来，稍不留神就没了踪影，我只得一次次狂奔出去，四处找寻孩子。这一天的手忙脚乱，不是任何词语可以描摹的。

沉沉夜色中，我拖着两条如灌铅般的腿直直地倒在了床上，饭也懒得吃一口，以为终于可以喘口气儿了，值班老师的一个电话又生生将我拉了起来。原来，班上一个小姑娘在地上打着滚不肯起来，非得找妈妈。我一路小跑赶到宿舍，看到的是尿了裤子后脱得光溜溜的孩子，和她风暴式的哭闹后吐出来的杂物。捏着鼻子收拾了地面的污秽，把孩子洗得干干净净送到床上，小家伙却抱着我的脖子无论如何都不肯松开："妈妈，得抱着我睡！"

漆黑的夜，一个放不下身的孩子，一个累瘫了却坐在床上不敢动一下的老师，构成了一段永远都无法抹去的职业生活印记。在那样的暗黑之中，我在等待孩子的入睡，等待她的成长，等待着永远无法预知却仍要努力前行的明天。

四

奇是我曾教过的一个自闭症孩子，有段时间，他的反常行为特别多，推我的门，拍我的窗，甚至随时都可能窜出来狠狠地扯我的衣角。"这个自闭的孩子，我该拿他怎么办？"我常常叹息。

午餐时分，刚走进餐厅，一道猝不及防的身影横冲而来，仓促间我连忙扶住旁边的桌子以防倒地，却又感到身后的衣襟被人紧紧揪住，还未回过神，便听到一声呵斥："快松手，说对不起，想不想挨揍？"是奇，在妈妈的呵斥声中，孩子连忙松开了手，规规矩矩地站在原地，而家长则忙不迭地道着歉："老师，真对不起，把您的衣服都弄脏了！"

"你怎么不看好孩子呢，你没看老师今天被吓得不轻，衣服脏了还得穿着上班……"午饭后，路过学生宿舍，一阵交谈声引起了我的关注。"你们不知道，奇这几年一直在杨老师班上，这个学期换了班主任，他一直等杨老师回班上课，可是始终都没有等到。所以下课总是到杨老师的门外转悠，真拿他没办法。"我一怔，瞬时呆立。

一直以来，我都以为孩子是在顽皮地窥探着每扇门里的秘密、是不受控制地做出种种反常的举动、是因为发育障碍导致的行为问题，却从未曾体察过那份异常居然只是因为再也等不到我。幸好，"撞"出来的真相一语点醒了我的浑噩。再遇见时，我会远远地呼喊奇的名字，耐心

地看着他用自己的方式回应我；会在行走中停下来，等着背后的那个身影跟上来送他一抹微笑；会在擦肩时顺便帮他整理好竖起的衣领，留下几句叮咛；会在挥手间停下脚步，目送孩子的离开，再静心品味教育中成长的幸福……而那些类似敲窗子、推门、扯衣服的事件居然再也不曾发生过。

教育的真谛是什么？我们总以为注重对孩子知识的传授、习惯的养成、技能的培养就是尽了一名特殊教育教师的职责，却从来不曾想到，孩子们要的其实比我想的更简单，他们更渴望着成长中那份关照心灵的等待。而等待，就是我能给予奇最好的爱！

五

怀着复杂的心情离开了学校，离开了那些特殊的孩子，最终我走上了教育研究与教师专业培训的岗位。这样的选择，是在心头辗转许久，才最终做下的决定——离开的是我这个人，扎下的却是我对于教育和孩子们深深热爱的根。

新单位的领导是这样做我的工作的："知道你爱孩子，喜欢班主任这个角色。但一个人的成长与出色，影响的仅仅是你所带的那个班，仅仅是那十几个不健全的孩子；如果你能够带动更多班主任的成长，能够为更多青年教师照亮前行之路，那才是对教育的大爱，才会有更多的班、更多的孩子受益！"半年的时间，犹豫挣扎，掂量比较，最终我选择了后者，从班级管理工作的践行者变成了班主任成长的引领者。还好，我的"班"还在，只是这个班，需要我有更高的站位，更远的规划，更费脑力的考量，更为专业的指导。

曾经，站在特殊教育的土地上，我用了近20年的时间坚守，只为做一个"擦星星"的人。在我看来，我的孩子们就是来到世间的星星，他们被蒙垢，被染尘。我，愿意用自己的心灵去拂拭，守望着我的"小星星们"由灰蒙蒙变得亮晶晶。只是，我一个人的力量那么微薄，无法让所有的星星都闪亮。

如果可以，我希望未来的日子里，能做一个"种太阳"的人，引领着更多的班主任和青年教师也把自己变成一束光：面对教育面向孩子时，他们可以是和暖的，能融化冰冷、拂却迷霾；面对成长面向心灵时，他们可以是温润的，能滋养童真、生发快乐；面对烦琐面向暗沉时，他们可以是明媚的，能散发光亮、撒播快乐。

不论是现在这个想要"种太阳"的我，还是曾经那个坚持"擦星星"的我，都是一直在路上不停地追寻着前方，都是一个长大了的孩子，也永远都会与童年比邻。我愿意尽己所能呵护孩子们的诗心，也愿意承担成长引领的重任。

"老师，我先回家了，等着你啊！"拉着我的手唠唠叨叨了半天，小姑娘开心地道别。面对着孩子的特别与纯真，我无法解释原因，只能还给她一个拥抱："孩子，这次，老师等着你，等你长大！"

孩子们，我会一直等着你们，在成长的另一头。这条路上，有梦可栖，也有文为证……

雪　梅

目 录

第一章 特殊的童心，细思慢读

老师，你小心点 / 002

一个用别样举动传情的男孩 / 004

班主任，你会"听话"吗 / 007

握在手心里的馒头 / 009

你在这面，我却在另一面 / 012

蜗牛，本就应该慢慢爬 / 014

不是每种爱都适合被高高捧起 / 017

是谁让成长失了"味儿" / 019

"过期"的节日甜蜜 / 021

美丽的守望 / 023

一株被遗忘的吊兰 / 025

每一颗心，都值得温柔等待 / 028

读读孩子的眼睛 / 030

　　彼时童心，此刻师心 / 034

第二章　特殊的教育事件，理性应对

　　并非多余的"一点" / 038

　　陪你一起种太阳 / 041

　　撬开一道缝隙，让光进来 / 043

　　等待，是为了给"野草"开花的时间 / 045

　　让他飞，就别去折断翅膀 / 048

　　捣蛋大王变形记 / 051

　　让批评"转个弯" / 053

　　找准契机，化干戈为玉帛 / 056

　　用心灵的磁场去回应成长的诉求 / 061

　　绕一些弯儿，帮友谊的小船找到平衡的法则 / 064

　　一言一语总关情 / 067

　　孩子，成长的体己话老师这样与你说 / 071

　　寻"不求"之因　撷"进取"之果 / 075

第三章　特殊的家校之间，主动跨越

　　为一位母亲放手 / 080

　　当"刺头"家长遭遇"奇葩"老师 / 082

　　软硬兼施："三招"扳倒强势 / 085

　　追求成长，别忘了对"根"的关注 / 090

荆棘的另一面，往往有我们看不到的柔软　／ 095

家路，心路　／ 099

从原生家庭的底版上洞察成长之惑　／ 102

从家庭环境中去追补成长缺失的营养　／ 107

用智慧纠错引领孩子健康成长　／ 112

巧用心理效应叩开家访之门　／ 115

找准发力点，让共育成为可能　／ 120

家校合作的"越界"与"守界"　／ 124

接纳孩子的同时，更要引领家长　／ 128

家校之弦，微拨轻弹更和谐　／ 133

共生共育，将教育围观之局变为全员参与之势　／ 137

第四章　特殊的班级，智慧引领

一座会活动的"小公民"成长营　／ 142

全盘发力，让散沙汇聚成塔　／ 146

巧拨妙引，借力群体规范引领学生健康成长　／ 152

有"度"沟通，推开育人的另一扇窗　／ 156

从"博物"到"博悟"："穿针引线"助成长　／ 161

以"放飞式"体验引导学生走上理性消费之路　／ 166

在融与聚中凝练出和谐的成长音符　／ 170

别样奖惩，打造成长的创意营养餐　／ 176

来一次"三方有约"的期末表彰会　／ 180

以积极思维打底，让班级学风由淡变浓　／ 183

合理定位，打造班级育人良性共同体　/ 186

从"新"开始，让颓废的班级重焕成长精彩　/ 191

个性发展：班级文化建设的应有之义　/ 195

为网络时代学生的成长量体裁衣　/ 199

用故事和学生谈"情"说"爱"　/ 204

第一章
特殊的童心，细思慢读

近20年与孩子们朝夕相处的生活，我总以为凭自己的经验和经历足以洞察任何一颗心灵的动向，也总是习惯于以一副"什么都逃不过我的眼睛"的姿态去对学生的行为加以评判。可是，当我带着一种反思的心态去梳理回顾时，却越发觉得身为师者的自己曾是那么武断、简单、粗暴。当一颗颗澄澈得近乎透明的童心被复杂化地解读时，师生之间的隔膜何止是千里万里！

老师，你小心点

"老师，你小心点！"

一张揉得皱巴巴的纸条上"嚣张"地躺了这么一行歪歪扭扭的字，还特意夹在了讲台上我的备课本中。心里的火"噌"地一下便着了起来：这个班的特殊孩子我劳心劳力地带了九年，还真是把一个个的翅膀都带硬了，这件事非查个水落石出不可！

上课铃声响起，回到教室的学生们一个个脸色如常，还真看不出什么异样。为了不打草惊蛇，我把满腔的怒火压了压，布置孩子们自行练写生字。在装模作样地巡视中，我脑子里反复播放的却是那张纸条上仓促凌乱的笔迹和近乎张狂的威胁警告。

会是谁呢？昨天茹因为偷拿小同学的零食被我批得稀里哗啦，可是，她既没这样的胆量，也不会用这么流畅的语言表达呀，不是茹！这周开学第一天，军的妈妈打电话说孩子在家看电视，劝都劝不住，我好一通教育说服。可是，军的笔迹从来都是工工整整的，这不是他的风格！难道是壮？壮平时毛手毛脚的，那满是褶皱的纸条和他课桌里揉成一团的本子倒很搭。不过，最近我也没因为什么事批评过他呀！会不会是因为以前我天天唠叨他要收拾好自己的东西，要沉稳些呢？听说他最近还和体育老师顶过几次嘴……一个个排查下来，我愈发坚定地把目光锁到了壮的身上：因为刚才经过他身旁时我无意咳嗽了一声，他马上抬头看了我一眼,这不典型的心虚了嘛!我清了清嗓子,打算和壮好好谈谈他的这种行为。

"老师,你小心点!"一个柔柔怯怯的女声突然在教室另一端响起,搅扰了我"如何一开口就把壮震住"的构思。回转身去,茹正抬头看着我:"老师,你咳嗽,多喝点水!"满脸满眼的全是担忧。我一怔,温暖袭来的同时,内心也浮泛起满满的震惊:那张纸条,那句话……

"是呀,老师,你要小心点!""要注意休息。""老师,你这几天咳得真厉害……"随着茹打开话匣子,孩子们很快便七嘴八舌地叽喳了起来。泪,一下子蒙住了双眼。原来,"你小心点"这几个字还可以用这样的语调说出口,还可以这么和暖而有温度呀。可刚刚,我做了些什么呢?一个个学生打量着,一条条线索分析着,甚至还恶狠狠地想着怎么样制得"他"心服口服。而孩子们,予我的却是最真的关怀、最出乎意料的憾动。

"老师,我给你留言了,夹你备课本里了,你肯定还没看到吧!"壮有些得意又有些害羞地对我笑着,眸子里闪现的澄澈竟然如一汪清泉般纯净。恍惚中,我看到的仍是九年前那个被我牵在手里的男孩,单纯,又带着些许顽皮……

"杨老师,你真的该'小心'点了!"我暗暗地告诉自己。不做孩子已太久,我已经忘了年少的内心原本是那么简单明净,忘了不饰装点的言语间可能会蕴含了更难以名状的情深。一个思维偏执固化、总把孩子的言行举止往坏里想、糟里想的老师,确实不能不"小心点"了。

一个用别样举动传情的男孩

三年了，做了这个男孩三年班主任，他从来就没正眼看过我一次，也从来没有喊过我一声老师。情绪高涨时，他会不分时间地冲出教室，直奔向操场上那架他最喜欢的秋千；不开心时，他就在座位上拼了命地摇晃桌子，捶打桌面，还会趁制止他动作时在我手上挠出一道道血痕。

新的学期面临班级的重新调整，别的孩子有的扯着我的衣角恋恋不舍，有的小嘴甜巴巴、脆生生地告许我"会想杨老师"，他同往常一样，似乎从来就不曾意识到我在他的世界里存在过。

"和杨老师说再见！"妈妈拉着他走到我面前，一遍遍地要求着，他却惦记着自己的秋千一把将我推开，冷硬的墙面撞得我生疼。"好在就要分开了，我再也不会满操场地追着捉他回教室，两手再也不会被挠得伤痕累累，再也不会连离开教室上趟厕所都提心吊胆了……"我暗自庆幸着这种解脱，总以为自己的面前将一片光明。

好的光景并没有持续几天，我的生活又被另一种意外搅扰得乱作一团。早晨刚进办公室还来不及喘口气，就听到窗玻璃被拍得直颤，待我把头凑过去想查看个究竟时，他早已跑到绿化带的小树底下藏了起来；我去上厕所时，门刚关上就听见一位女同事的尖叫，"啊，你是男孩子，怎么能到女厕所"，等我露头时，他迅速就消失得无影无踪了；坐在讲台边批改作业，发现下面写字的孩子目光都齐刷刷地盯着门口，顺势望去，他那毛茸茸的大脑袋正紧紧地贴在门上向里张望着……一次两次，我没太起意，可当这种情形演变到每天三四次地重复时，我真是有了崩溃之感。"你们有没有发现，他的'自闭症'显露的问题越来越严重了，碰到这种心灵闭塞、情感冷漠的孩子，咱当老师的付出再多又有什么用呢！"在同事面前，我无数次地慨叹着。

真的，在特殊教育学校里，身为老师的我们常常会有这样的感觉：当面对残障缺陷各不相同、身心问题多种多样的孩子时，自己显得是那么无能为力。就像我对他，课堂上为了能有效唤醒和引导，动手自制了几十种康复训练器材，还变着法地买来他喜欢的零食、玩具当奖品，训练效果却都是微乎其微；课间活动时，为了防止意外发生，我走哪儿就把他领到哪儿，还得时不时地提防被推一把或被咬几口。但三年的时间，他何曾有效接收过我付出的心血呢，又何尝用微小的进步给予过我心灵的抚慰呢。

一次外出培训学习的安排，让我离开了学校半月有余。结束返回时，我来不及歇息便急匆匆地赶往餐厅想看看班上的孩子们。正是排队领餐的时分，餐厅里显得有些凌乱，我左寻右看，希望能发现"目标"。突然，不知道谁在身后用尽了气力狠狠地推了我一把，湿滑的地面加上踉跄的脚步，让我一下子跌倒在了地上。还没来得及爬起来，身后的衣襟又被人紧紧地揪住，只听身后有老师尖叫的声音："快松开杨老师的衣服，你手上的油全都抹到老师身上了……"

是他，那个自闭的男孩。中午前来看护孩子用餐的妈妈连忙跑了过来："对不起杨老师，真是太对不起了……"然后强行拉走了嘴里还在呜哇怪叫的孩子。

拖着疲惫的身体，看着自己衣服上脏兮兮的油花，我心情沉郁地混在队伍里向宿舍走去。"你怎么不看好你儿子呢，幸好杨老师没摔坏，不然就闯大祸了。"这是一位家长的声音。"我估计他是这些日子没看见杨老师，想她了，今天老师回来了，所以他兴奋得失控了！之前他跟着杨老师三年，今年班级调整还有点不适应，听说不是去拍人家办公室的窗子，就是不管不顾地冲进女厕所……"

望着夹杂在队伍里被妈妈拉得紧紧的、生怕再闯出什么祸端的那个男孩的身影，我再也迈不动自己的脚步，只感觉满眶的热泪止不住地滑落。我的付出孩子从来没有接收过吗？我的关爱从来都没有拨动过一根孤僻的心弦吗？显然不是！只是生就的发育缺陷剥夺了他主动表达、适当表达的能力，于是，孩子只能以自己的方式在分开后不断地引起我的注意，做出些不合常规的举动。那些举动里，传递的是一种叫作依恋的情感，只是我从来不曾细品，自然也就从来没有读懂。

　　"下次碰见，我一定会远远地打招呼，主动地走近，让孩子同样感受到我的在意与回应！"这样决定着，我的内心一下子变得轻松而释然……

班主任，你会"听话"吗

去往教室的路上，一顶"小黑帽"吸引了我的眼球：小小的身影在走廊里一蹦三跳，嘴里哼唱着小曲，帽子上两团圆乎乎的小毛球正不安分地上下翻飞……"孩童的世界该是多么美好简单呀，连快乐都可以这么任性地随意播撒！"心底的笑意不自觉地也飞上了眼角眉梢，我亦步亦趋地追随着前面的"小快乐"！

"老师，我来了，我……""嘚瑟什么，会不会好好走路了？说过多少次不能在走廊里跑跳，你怎么就是不听话！"随着一声呵斥，那灵动的身影瞬时定了下来，很快，孩子便缩着头跟着班主任乖乖回了教室。

走廊里，我久久回不过神，不知是没适应那一声呵斥带来的出奇安静，还是惦记着小家伙那生生被打断的迫不及待的表述。"老师，我来了，我想你了！""我给你拜个年！""我在假期里做了好多事！"……孩子口中的许多可能，此时如同一根刺，别别扭扭地扎进了我的心头。

几年前，自己也曾是班主任岗位上的一名新兵。那时候的我，凭着年轻的冲劲和满腔的激情，总是天真地以为看牢了、抓紧了、压住了，就不可能会有带不好的班。在对孩子们尽乎严苛的高压下，我也确实创造过属于自己的"辉煌"：无论多棘手的班，被我接手后总是很快变得俨然有序；无论多顽劣的孩子，在我的手下都可以变成"乖宝宝"……甚至很多时候，遭遇到了调皮捣蛋的孩子，科任老师只要提起我的名字，便如同一把神奇的撒手锏。我以为，之于班级管理，我是成功的！

若不是曾经那一场刻骨铭心的意外，也许至今我仍被困在自我修筑的虚空阁楼里。

"杨老师，你们班的强在操场上和三班一位同学闹着玩，结果一言不合就给了人家一拳，那位同学的鼻子已经流血了……"一个高年级孩子慌里慌张的报告声打破了那个冬日下午的沉寂。那一瞬，我的心比天气更为阴沉，冷着脸"恭候"强的归来。也正是那个下午，在愤怒、斥责、警告的迎面"泼洒"中，我的班主任威严第一次受到了强烈的挑战：强的拳头握了又握，终于狠狠地砸在了课桌上，斑斑血痕飞溅的那一幕，令我不得不对这一直引以为傲的严治之道产生了质疑。

"老师，当时我进教室，是想先向您承认自己打人是不对的。"时隔许久，再次提起那件事时，强开诚布公地坦言："我打了对方，是因为他说我爸死了，我爸还在，他只是和我妈妈分开了……"记忆中的片段慢慢拼凑，强踏进教室时那曾欲言又止的神情也渐渐清晰浮现。"老师，您当时为什么不肯有耐心地听听我的话呢？"……

"听听我的话！"一个多么简单的要求，又是一个被我忽略了多么久的问题。听见孩子们的叽叽喳喳，我从没想过要弄明白他们说了些什么，却总是厉声制止以维持表面上的安静；看见孩子们追跑打闹，我似乎已全然忘记自己的童年在这疯跑疯闹中获得了多少欢乐，只是一味地斥责以追求所谓的纪律严明；面对孩子们犯下的错，我只会揪住"果"大做文章，却很少探寻"因"源于哪里……于是，在那些年里，有了愤怒的强在教室里不计后果的发泄，有了我教过也爱过的孩子们见我而远之，更有了温情四溢的师生关系中横亘的缕缕生冷的尴尬。

在后来的教育行旅中，强的话如同一台"警示钟"时时响彻耳畔。听听孩子的话——面对颗颗童心时便少了些呆板刻薄，多了份温暖柔软；听听孩子的话——面对教育对象时便少了份机械的冰凉，多了些美丽的温情；听听孩子的话——沟通的闸门便少了些生涩，多了些顺畅；听听孩子的话——班级管理也才会始终洋溢着和谐而灵动的音弦……

班主任，你，我，我们都会"听话"吗？

握在手心里的馒头

看着面前这只握着白馒头的黑乎乎的手,我心里说不出的堵:这样不着调的家长,这种处处不让人省心的孩子,怎么偏偏被我碰到了!

上午十点学生放假出校,可都十二点了,辉的爸爸还没过来接孩子。不能准时接送的情况以前也时有发生,为此,头天晚上我还特意打电话叮嘱再三,结果到现在愣是连人影也没见到。更可气的是,无论我当天再怎么拨打,电话就是无人接听。都这个点了,我只好带着孩子来到餐厅,先填饱肚子。

许是看到别人都回家了,辉有些闷闷不乐,低着头胡乱地将菜往嘴里塞着。很快,他的脸上、衣襟上,便一片狼藉。菜汤与他那身脏兮兮的衣服相混合,散发出来的味道越发令人透不过气来。"你就着馒头吃,别到处洒!"坐在他的对面,实在没什么胃口,我索性放下筷子,看着他吃。

"老师,今天的菜真好吃。"发现了我一直盯着他看,辉有些不好意思地开口搭讪,嘴里的食物瞬时飞溅得到处都是,包括我的餐盘里。"你也快吃,一直等我爸累了吧!"我皱了皱眉,呵斥的话还没来得及出口,又被他这句硬生生地堵了回去。唉,伸手不打笑脸人,这孩子还挺会说话的。"老师不饿,你快吃吧!"我叹了口气,把自己的菜都倒给了辉,他饭量大,一份肯定不够。

"好!"辉大口大口地往嘴里扒拉着菜,毫不客气。"辉,就着馒头吃,怎么能光吃菜呢?"眼看着两份菜要见底了,馒头还没咬一口,我叮嘱着。"嗯……我，我不爱吃馒头。"我心里的火"腾"地一下着了起来："不爱吃？昨天晚饭你还把茹的馒头抢去了，哪顿饭你没和别人抢？现在又不爱吃了？那就连菜也别吃了！"见我欲伸手端走餐盘，他急忙伸出双臂护着："我吃，我吃！"盘子里的菜汤又给衣袖添了一大片油渍。

都说，一位好老师总能从孩子身上找到闪光点。扪心自问，我不是个坏老师，近二十年的大好时光我无怨无悔地与一群特殊的孩子相守相伴着。可在辉身上，纵使心力交瘁，我也始终没能寻到什么亮点。课堂上捣乱，操场上打架，宿舍里抢别人东西，队伍中搅乱一片……这些让人不胜厌烦的事都肯定和辉脱不了干系。更让人无法忍受的是，孩子和他爸一个样，永远脏兮兮的，即便我从家里带来干净的衣物给他换上，不出半天便已经变了模样。就像此刻，才换上一会儿的上衣早已处处油渍斑驳。

今天的辉有些反常。刚才在我的厉声斥责下，他勉强咬了一口馒头，便又很快低下头只顾吃菜。难道今天的馒头不好吃？四下环顾，我发现校办工厂的工人们吃得正香，毫无异常。再说了，若真不好吃，他也不用紧紧握在手里，一副生怕被谁抢去的样子。难道今天的菜比较对胃口，贪心的小家伙想多要点菜才故意把馒头留到最后？有可能，别看平时做什么事都不在状态，但提起吃，他可是抢得比谁都快！带着近乎笃定的判断，我决定借这个机会好好教育教育他。

"辉，还要菜吗？""老师，还想要。"一听我的话，这家伙两眼放光。"把馒头都吃了，才能再加菜！"我一脸严肃。孩子看了看我，又低头看了看手中的馒头，小黑手把那块馒头抓得越发紧了，几乎握成一团。"不吃！"可能捕捉到了我眉眼间掩不住的愤怒，他很快又嗫嚅着说："爸爸上午肯定去地里干活了，要是再来接我肯定会没时间吃午饭，我……我要留给他……"

我一怔，心里坚固而恼怒的壁垒瞬时崩塌。原来，孩子不是不想吃,也不是不爱吃,只是小小的他心里想到了可能在田间劳作忘了时间的爸爸,又或者是在接自己的路上正一路风尘的爸爸。静默良久,当眼角的水雾将自己的内心浸润得一点点柔软下来时,我才发现,很多时候蒙蔽了双眼的不是假象,而是自己内心的执念。就像面对着小小的辉,我认定了他脏乱的皮表下定是匹配了颗无所顾忌、无所在意的心,也固执地以为他调皮顽劣的背后再也一无是处。

回望与辉相处的点点滴滴,不免惭愧而恐慌:那双黢黑的小手无数次想接过我手里的东西,都被我满脸嫌弃地拒绝了;那张布满尘垢的小脸无数次趴在办公室门口"看看杨老师在干什么",都被我简单粗暴地呵斥回去了;那很多很多次即将脱口而出的话语,都在我怒目的封堵下被孩子硬生生吞下去了……辉的身上真的没有闪光点吗?不!不是的!是我这个不善体察又自以为是的老师生生遮住了可能闪亮的那一点光而已。

作为一名特教老师,自己最大的悲哀是一直仓促地走在路上,看不到身边的景致;自己最坏的习惯,是苟安于思维的惯性,忘却了心灵应该有的温暖朝向。于是,我一直都在固守中遗失,在匆忙间忽略。

此时此刻,握在手里的哪里是一块馒头,明明是一个孩子未经风霜侵染的纯净的心。幸好,这一次,我没有再与它错过!

你在这面，我却在另一面

　　细细打量着手中的硬币：一面，大大的数字"1"显示着它的价值；另一面，一朵盛绽的菊花兀自清丽……此时，握在掌心的这枚硬币竟有着无比灼热的温度，蔓延得连我的脸颊都感觉火辣辣。

　　几分钟前，班长敲开了办公室的门，嗫嚅了很久才吐出几句话："老师，其实……其实今天你冤枉波了，他不是坐不住捣乱，是看见了语文老师的笔被风刮得滚下课桌，想去捡起来。"临出门前，她又从口袋里掏出了一枚硬币："波捡到的，有的同学说谁捡到就是谁的，可波非要上交给您……"

　　新的学期，我以为，自己柔软的内心盛放了对教育、对孩子最诚挚的爱，这爱便足以抵御任何风雨的侵袭；我也以为，近二十年的班主任历练予我的是包容之心、管理之智，这历练足以让我应对任何偶发的事件和顽劣的孩子。不承想，新"班"上任第一天，仅一个学生就让我心里窝了三把火。

　　一进教室，我还没来得及开口，一个纸团就飞了过来，弯腰拾起才发现上面还有一行字："这个新老师，看起来也不怎么样！"很显然，方向跑偏，纸团才跑到了我手里。循迹望去，后排一个开学第一天校服就已脏得不露模样的腿脚不灵便的男孩，正冲我吐着舌头做着鬼脸，这样的一幕，着实让我心里不痛快。午饭回来后，我发现放在讲桌上的水杯不见了，一番查找，才看到那个男孩正拿在手里把玩，他竟然还毫无愧意地告诉我杯盖一按就能"嗖"地一下弹起来，自己正在研究。眼睁睁看着黢黑的小手摸来蹭去，完全没有归还之意，我心里的火"腾"地一下就着了……活动课时间，临时开了个短会，教室里便上演了一场"大闹天宫"，即便我的厉声呵斥压下了整屋的喧闹，却仍压不住"罪魁祸首"满脸满眼的亢奋。这个叫波的男孩，给了我一个并不愉快的支教开端。

我喜欢这些特殊孩子的单纯质朴，也享受与他们相处时的轻松惬意，但对软硬不吃、随时都能生出祸端的波例外。每天都会收到科任老师们关于他的种种投诉，每周都要处理几次与他有关的纷争，即使不在教室，我的心也随时都是提在嗓子眼儿的。在他的面前，我曾自以为傲的爱心耐心、管理智慧、感化方法似乎统统地失了灵。

今天上午，一节课刚过，语文老师便气呼呼地来反映情况："刚叫一个女生出去谈心，教室里有人就不安分了，那个波猫着腰从后面往前排溜，被我逮个正着，这样的孩子，拿着放大镜也找不出优点……"可不，我也无数次把眼光放大再放大地去审视波，然后又一次次地叹息：有一种孩子，不是我不爱，实在是找不出有什么可爱的地方！气不打一处来，我三步并作两步冲进教室，把波狠批一顿。如果不是临放学前小班长为我揭开真相，真不知道，我心中僵化了的偏见还得固执多久。

心，在对一枚硬币的打量中起起落落。以前，总以为孩子是一张白纸，我在上面涂写了什么，他们就会变成什么样子；遇见了波后，我发现孩子不是一张纸，他们的成长底色并不是完全任由我来涂画。此时，打量着波交公的硬币，回想着那被我和语文老师误解了的一幕，内心不由警觉：我对波的关注和教育，分明就像这一枚硬币的两面，近于咫尺，却永远不曾交汇。波是背面那朵与众不同的花，虽会绽放，但不是在我认为的春天；我是正面显眼的数字"1"，总以为自己才是价值的衡量与评判者，于是，惯于高高在上……

少了心灵交集、多了和学生背对背两面忙碌的班级管理，怎么可能绘出师生相融的和谐场景？我更需要做的其实是擦掉固化的印记，翻转自己，然后和波站在相同的那一面，共写这段成长之约。

蜗牛，本就应该慢慢爬

"你看，都一样上学，人家××比你强多了，每次都排在前几名，还不快去学习！"小时候，每每听到母亲这样的唠叨，我就会倍感委屈；我明明画得比她好，字写得比她漂亮，为什么到了自己妈妈口中，竟好似一无是处呢。时间久了，我竟也认定了这样的评价，总感觉她时时处处都优于我。

"都讲了这么多遍，别人都会了，怎么你还不会！到底有没有认真听？"课堂上，老师近乎歇斯底里的吼叫声犹在耳畔。那时，我很想鼓足勇气告诉他：我一直在认真听，努力地思考，但也需要一点点时间来消化。只是，那样的辩解，无数次涌到嘴边，又无数次伴着眼泪默默被吞咽。

多年以后，站上讲台成为一名教师，我理解了妈妈当年的唠叨，因为有了爱之深，才会有责之切；我也体会到了老师当时的"恨铁不成钢"，他们多希望自己培育的每棵小苗都能成为参天大树。于是，对孩子的教育，对学生的培养，竟慢慢地因循走上了自己一路行来的那条轨迹——急切而又匆忙。

教育的真谛是为了促进人的发展与成长。我以为，这个过程理应是直奔目标有所朝向的，是花就应该在春日里绽放得浓艳芬芳，是树就需要在成长的时候挺拔向上。为了促进成长，我拼命追肥，努力扬鞭，觉得这样才不负为师者的本分。同时，我也时常品味着挫败之感，学生尚无法体会我的良苦用心，我的付出与他们的成长也从来未成比例。

第一章　特殊的童心，细思慢读

那天下午的生活课，我是带着满满的无奈和叹息走进课堂的：学习了一周的系鞋带，孩子们拿着鞋带依然找不到什么头绪，穿引得乱七八糟，系了一个又一个死结，还有的学生笨拙地用力把鞋带一扯两截。"系鞋带，对于十几岁的智障学生来说，是太难了吧！还是跳过，换一个内容。"我暗自嘀咕。

"孩子们，回家有没有练习，会系鞋带了吗？"教室里马上静下来，一个个都摇着头，真是一点也不出我的意料。"以后再学，今天咱们……""我……我会。"微弱的声音突然在教室里响起，吓了我一跳。循声望去，角落里，杰正仰起脸怯怯地看着我。他会？怎么可能？这个脑瘫的孩子双腿扭曲，走起路来常常会把自己绊倒，左手常年蜷缩着无法伸展，右手勉强能拿一点东西也非常吃力，班级活动几乎都不能参加。入学已经五年了，无论我再怎么努力对他进行康复训练，也没见有什么起色。天长日久，耐心失去，我便把他安置在教室后排，任其"自生自灭"。班上那几个手脚灵活的孩子都不会，他这个笨拙的"小蜗牛"能会系？

我拿起他桌上的鞋子，发现鞋带穿插有致，结打得还蛮漂亮。"孩子，怎么系的，能让大家学习学习吗？"我根本不相信这是他能做到的，重新拿了只鞋子递给他。"嗯！"杰点了点头，很吃力地解释着："学两次，就会了。"只见他把鞋摆到桌面，左边借助手腕的力量帮忙固定，右手先把鞋带捅进两个鞋孔，再抽拉到合适的位置，然后依次交叉穿引，好几分钟，终于每个孔都穿完了。小家伙吃力地站了起来，先把左右两边剩余的鞋带对折交叉两次，然后下巴抵在桌上紧紧压住一条，右手扯住另一条轻轻一拉，一个简单的蝴蝶结就成了……

一直以来，我都以为这个手脚不灵便的孩子无法从事复杂的手工活动，没想到，课堂现场，他让我看到了不一样的奇迹。思来想去，倒也并不难理解：杰和别人不一样，他虽然没有健全的手脚，却有清晰的头脑。系鞋带弯来绕去的小烦琐，仅凭灵活的手指还不够，更需要辨得清如何缠绕交叉，如何抽拉打结。奔跑，抓握，拿捏，这些能力本就是杰的短板，无论我再怎么扬鞭斥责，也不可能把他催成快马，只会造就一颗焦躁又自暴自弃的心。但如果能换个角度，看清孩子本就与众不同，就如这节系鞋带的课上，肯定了他清晰的操作思路，再多一点耐心等待，孩子心底灿然的花必定会绽开。

其实，每个孩子都是一个独立的个体，即便是双胞胎也有着彼此间的差异；每个个体的长短强弱不一，那些短项弱项可以慢慢去修补，但永远不可能变成最强；为人师者，教和育是我们的责任，但并不意味着这份责任靠生拉硬拽的方式就能完成。再简单不过的道理，却也是一直被我忽视了的真理。几千年前，孔子便提出了育人应"深其深，浅其浅，益其益，尊其尊"，教育，只有因人而异、因材施教，才能够让每一个孩子的成长处于良性发展的轨道。

骏马天生风驰电掣，蜗牛只能缓慢爬行。作为教师，我想，最恰切的施教方式莫过于关注到个体之间的差异，对着懈怠的马儿扬扬鞭，陪着勤勉的蜗牛慢慢行。

不是每种爱都适合被高高捧起

一直以为，作为一名特殊教育工作者，我的职责就是高高捧起自己竭尽所能发散光和热的心，为每一份成长映照前行的路……

新班接手不久，我便在课间嗅到了一抹不同寻常的气息。按例，大课间活动结束后，班上的孩子们都有一段吃零食的时间。每每这时，十几个小天使便会忙不迭地从柜子里取出父母精心准备的食品，边仰起小脸期待着我每天带来的新鲜事儿，边快乐地享受着这份爱的美味。辉是一个例外，我经常捕捉到的是零食时间他异于平常的沉默和愈发低垂的头。看看孩子身上灰旧的衣裳，想想这个瞬间他与众人的格格不入，我的心便被揪扯得生疼，也越发迫切地想要走近这个小东西。

几经打探，心中的迷雾重重拨开：辉很小的时候父母便离异，孩子跟随多病的父亲一起生活。父子俩时常得靠亲朋的接济糊口，更遑论每天奢侈地准备一份零食了。生活的窘迫居然可以不堪至此，再看孩子时我便格外多了份怜惜，恨不得自己化身为一缕阳光，能拂去童心中那份成长的阴晦。

我兴冲冲地奔向超市，水果、牛奶、饼干……把自己能想到的孩子们可能会喜欢吃的东西"扫荡"了满满一兜，在又一段零食时间，我挑了个最大的苹果送到孩子面前："辉，这是老师给你带的！"满心期待孩子欢喜接下的场面却并没有如约而至，辉的头反而垂得更低，脸微红，他嗫嚅着说："老师，我不爱吃……"即便我手中的零食换了一样又一样，孩子依旧把头摇得像个拨浪鼓。

"一个十几岁的孩子，怎么可能会不爱吃零食呢，莫非……"一种异样的感觉横亘心头。为了验证自己的想法，几天后的运动会上，我决定将那一包小食品当作奖励分发给孩子们。

"同学们，因为有了每个人的全力以赴，才有了运动会上咱们班如此优秀的成绩，这是我们的战利品……"我边麻利地打开袋子，边吆喝着孩子上来挑自己喜欢的东西。在蜂拥中，每个孩子都快乐地挑到了两样自己喜欢的食物，辉的手里赫然举着一个大苹果和一包酸奶，眼角眉梢里绽放着夺目的神采，与小伙伴们叽叽喳喳闹成一片。

果真如此！不够细心的我只是一厢情愿地想尽己所能给孩子些关爱，却忽略了辉生性敏感、自尊心极强。那份失当了的爱恰如一种变相的伤害，将一个孩子小心翼翼藏匿的心思赤裸裸地暴露于众目睽睽之下。其实只需稍稍转转弯，化爱于无痕，便换来了这一室阳光。

辉的事件不由让我联想起两年前的那一幕：班上的臣也是个家境窘迫的孩子，担任班主任期间我曾多次去家中走访，其父母每每碰见我都有着如家人般的亲近。一次外出学习时，学校里通知上级有扶贫名额，班主任酌情申报。我想都没想，便叮嘱同事帮忙把臣的名字报上去。结果学习归来，同事气呼呼地告诉我，臣的家长死活都不肯去居委会开贫困证明，生生浪费了一个名额。更令我无比郁闷的是，从那之后孩子母亲见了我总是躲得远远的，如同路人……

曾经，我一直以为，爱是需要被高高捧起才能温暖他人的。今时今日，辉——这个十几岁的孩子却用自己的表现为我上了铭心的一课；甚至，那时那日，那个与我渐行渐远的家长也在用疏离无声抗议着我自以为是的爱……

有种爱，适合捧起来变成阳光，映照每一颗焦渴的心灵；有种爱，只有低入尘埃中，方能流淌出脉脉温情！

是谁让成长失了"味儿"

课间,不过一个转身的当儿,宇就溜到了院子里。"这还了得,近日校园路面硬化出了问题,工人们正伴着隆隆机器声忙着修整呢,要是碰着伤着出点儿安全问题……"来不及过多思考,我三步并作两步冲了出去,吼回了正站在那里看热闹的宇。

那段时间,下课了我不许孩子们往外跑——"外面在施工,太不安全了",在教室里头也不许趴窗户上往外看——"轰隆隆响,有什么好看的!"别的同学大多惧于我这个班主任的威严,纵然心早就飞出去了,身体还留在教室里装模作样。可是宇,只要我稍微不留神,他就又凑到了那台轰鸣的机器附近,近乎痴迷般地盯望着。

作为一名特教班主任,孩子们的吃喝拉撒、一举一动我都得确保在自己的眼皮子底下进行才能不出什么差池。特别是像宇这样既听不懂话又不会表达、还时不时往外溜、溜出去专找有车有机器的地方往前靠的孩子,不采用严盯狠防的战术我还能怎么办呢。

近日,我随手翻阅了汪曾祺的散文集《人间有味》,发现老先生对吃喝的研究极为精细、对身边人物风情的描摹数笔传神、对世相百态的捕捉精准达练。透过清简质朴的字里行间,浓浓的生命气息和烟火的生活情态就这样穿越文字透迤而来。心头倏然一惊,我们这些成年人,现在的孩子们,我的学生们,大家对于生活中的细枝末节是否还能有如汪老这般敏锐感知呢?是否还能够真真切切地品出原本极为斑斓曼妙的生活之味呢?如果不能,谁才是这种缺失的始作俑者?社会?家庭?学校？其实都是，我这个与孩子朝夕相处的老师亦脱不了干系。

十多年的大好时光，我都倾情献给了特殊教育。行政部门对我的管理能力多次褒奖，家长们挤破了头皮也要把孩子送到我的班上来，这一切皆源于再散乱的班级我都能理得井井有条，再顽劣的孩子我都能管得服服帖帖。以世俗的教育眼光来看，这样的班主任无疑是有能力的；可是如果站在孩子成长的角度来看，我算得上是个合格的师者、长者吗？以安全之名，我的闭守看护在生生割裂着孩子对外在世界的探索兴趣；以规则为道，我的捆绑束缚将孩子的成长置身于生态自然的彼岸；以成长为理，我强硬地往学生们本就不健全的头脑中填塞着没有生命力的知识；以爱作蔽障，我从来都未曾去审视过自己的教育行为是否关照过生命最真实的需求……

很多人觉得我对自己教育行为的剖析其实就是在和一道迈不过去的沟坎较劲。毕竟，教育大环境对老师有过多苛责，老师身上又要承担着因种种可能发生的后果而产生的连带责任。如此大气候下，能倾心尽力，为一群特殊孩子的成长耕耘守望，已经相当不易了。可是，在某些条件无力掌握、某种底色无法重调的情况下，是不是我就真的以无处着手之名而无所作为呢？

非也。其实不管气候如何，不管哪里是落脚的地方，只要我们愿意在心头埋下生机之种，即便在并不丰饶的土地上，它也是可以吐芽、开花并且结出滋味丰盈的果实来的。教室的小天地里容不下探奇的目光，为什么不能带孩子去感受一下外面天地的精彩与博大？发现孩子对动物、植物、机器的兴趣，为什么不能借势助推，为这些头脑中已经容不下太多干涩知识的孩子寻一些生活的趣味儿？

成长失却了源于生活的本真味儿，就成了无本之木；生命失却了源于体验的实践味儿，就成了无源之泉。作为教育工作者，我们真的需要多一些自我反思：原本该有滋有味的教育，是否因我的不善而有了缺憾呢？

"过期"的节日甜蜜

在外出差的日子漫长得似乎没有边际。更让我焦虑的是，自己还是一群特教孩子的班主任，平时在学校，事关吃喝拉撒之类的繁杂琐事都得我这个"班妈"一手安排。若不是眼下这个培训实在推托不了，我真是不敢也不想与班级分离。

口袋里，手机微信提示又开始振了起来，我的心也随之一紧。不用问，肯定是急匆匆地赶到学校、对业务又不那么熟练的代理班主任来求助了。"又是什么事呢？是宇丢了袜子还是乐昨天晚上又在宿舍里闹腾，又或者是生活老师来告状？"我心里边嘀咕着，边掏出了手机。

"你们班上那几个大宝今天一大早就直冲我嚷嚷'杨老师不在家，明天谁给我们过六一'，特别是那个乐，我不回应他，他就没完没了，被缠得实在头疼，我只好拍着胸脯说'杨老师人虽不在，但已经提前把你们的六一庆祝活动安排好了'，你快点隔空发力吧，不然我就彻底没辙了……"

真是有点哭笑不得，原来是一群十六七岁的孩子为了六一儿童节正闹情绪呢。每年的6月1日，学校里都有统一的活动安排，吃饺子、看电影、演节目等，但这样的活动似乎不是非"杨老师"不可吧！我有那么重要吗？这"力"该怎么发呢？

学习间歇，主办方贴心地告诉我们，场外准备了茶点，大家可以自行取用。水果、糖果、点心，应有尽有。这时似有一道光穿透进来，对于孩子们的渴盼，我的内心突然明朗起来：考虑到班上住校的学生很久才回一次家，每逢过节我都会去超市买些小零食给他们。儿童节则更特别些，想着等他们长大了可能会怀念少年时这单纯的美好，因此我每年格外用心地为他们庆祝节日。于我而言，那只是闲逛超市的举手之劳；可于孩子们而言，那是一种神圣而隆重的仪式，意味着老师对自己的关照与重视。

我拨通了代理班主任的电话，叮嘱她记得去超市买些奶糖分给孩子们，一定得买"大白兔"的，因为这是杨老师从遥远的上海与大家一起分享的节日甜蜜。

一周后，我学习结束返回学校。学生们一窝蜂地围涌上来，有的缠着我问上海离荣成有多远，有的问我去了那么久都做了些什么，有的从我憔悴的脸色中捕捉到了疲惫就忙不迭地给我捶着背……"老师——"拨开围在我身边的人群，乐挤了进来。"杨老师，你没和我们过六一，这是我给你留的糖，你快吃！快吃吧！"乐的手心里，攥着一颗已经软化得变了形的奶糖，糖纸已经脏兮兮的，泛了黄。可想而知，这颗糖被他天天等着盼着地握在手心里。

"这糖都被你握脏了，早就没法吃了！"一个陪读的家长想为我解围。乐的脸"刷"地一下红了，旁边几个女孩子嚷着："变形了，过期了，不能吃了！"我接过糖，小心地剥下糖纸："糖纸脏了，可里面没有呢，我一定要尝尝。"甜润的奶香瞬间溢满唇齿。"谢谢乐给杨老师留下了这份甜蜜蜜的礼物，美味极了！"乐兴奋地挨着个通报："杨老师说真好吃，她喜欢呢……"

后来，许多人问起我当时吃掉那颗"卖相"不好的糖时的心情，我想起的不是那颗糖本身，而是那"过期"的六一礼物里饱含着的甜蜜和美好。其实，在彼时彼刻，我接收到的，分明是孩子的一颗澄澈的心。

美丽的守望

江北的春犹如一个含羞的少女，迈着轻盈的莲步，姗姗来迟。院子里，我和几个孩子正徜徉于这柔软的时光中，感受着春日里别样的画意与诗情，让或浓或淡的绿意鲜活了每一颗雀跃的童心。

"孩子们，看，这是什么？"一只褐色的毛毛虫正"懒洋洋"地在水泥地上蠕动着，或许也如我们般贪恋着这份惬意，想出来赏赏美景吧！淡淡的绒毛在阳光的映射下闪着莹亮的光泽，背上驮着几个红色的圆点，把这只小小的精灵衬托得分外精神。

"哇，毛毛虫！"小家伙们的目光立马被吸引了过来，纷纷围着这个意外来客饶有兴致地打量着。"它一定是从那边的大树上跑下来的！""它是靠吃树叶维持生命吗？""它为什么长成枯树枝的颜色？"……我还未来得及一一解答孩子们七嘴八舌的追问，就听见一个顽皮的声音高喊着："都闪开，让我来干掉它！"胖乎乎的航不知从哪儿找来一块石头，边吼边向这边冲来，一副大义凛然之势。"孩子，别……"我的话还未来得及完全出口，一抹瘦削的身影已抢先一步挡住了航。

是昕？那个平时对任何人都紧锁心门的男孩。我曾经尝试着让自己和他走得更近些，又总是在面对孩子的冷漠与疏离时却步。此时，居然是平时不声不响的昕抢先一步挺身而出，着实出乎我的意料。

"你不能伤害小动物，快让开！"昕伸开双臂急促地嚷着，生怕自己稍一退步就让航攻击得手。我也连忙发声："对呀，小毛毛虫要回家了，我们不要伤害它，老师不是经常教育同学们要爱护小动物吗？"看着我一脸严肃的表情，又看着昕一脸的坚决，航犹豫着放下了手中的石头，其他围在毛毛虫四周的孩子也纷纷直起身来，向后退去。不想因自己刚才的严厉破坏了孩子们的兴致，我连忙换了轻松些的语气说："谢谢大家愿意让开一条路，让毛毛虫可以顺利地回家去，要是虫妈妈看到淘气的小虫子平安归来肯定特别开心，对不对呀！""对！"气氛很快便恢复如常，院落里又洋溢着一片欢声。

　　回想起刚才的一幕，仿佛又让我重新认识了昕。细细想来，每一个孩子身上不都有着水晶般闪耀的一面吗？只是成年人的眼睛里看过了太多的五彩斑斓，已然变得麻木。今日，只是稍稍一个驻足，我便觅到了如此简单善良的纯美之心，在这一片春色里，闪耀着夺目的光芒。就如同此时，其他的孩子们都玩得不亦乐乎，昕却一直跟在小毛毛虫的身后，张开自己的双手，弯着腰，一路为那只小小的虫子保驾护航，生怕再有任何意外伤及它的生命。看着孩子跟着毛毛虫缓慢而专注移动的身影，一股莫名的情愫瞬间让我已太久不曾有过如此感动的心变得柔软，也于不知不觉间润湿了我的眼角……

　　"孩子，你有一颗无比善良的心！"随着与孩子距离的渐渐拉近，随着再次谈及那只曾出现在暖暖春季里的毛毛虫，我感叹着。"不，我不善良，我只是等着那只毛毛虫变成一只蝴蝶！"昕急急反驳着。这一次，我却不曾却步，而是带着掩不住的笑意继续和这个看似难以接近的孩子有一搭没一搭地聊着，就仿佛看见了那只浑身长满毛刺儿的小虫子，正慢慢成长着，然后在某一日里终于蜕茧成蝶。

　　孩子，且让我陪你一起细数时光的斑驳，等候着那只蝶儿在花红草绿间翩然而舞，也守望着你的那朵心灵之花更加美丽地绽放！

一株被遗忘的吊兰

"休了几天假,不知道班里的花花草草怎么样了?"带着近乎迫切的心情,我冲进了教室。要知道,这几盆花草可是我和孩子们亲手种下的。从埋下种子,守得嫩芽破土,再一天天看着枝叶葱绿,小花初绽,我们可是颇费了番心思的。

种花如育人,需要的是用心呵护。守望着花儿成长的这份心,就如同陪伴孩子们成长的过程,我谨小慎微,倾注了满腔的热情。

还好,几天不见,花草又添新芽。但透过有些僵硬的泥土也看得出,好久没喝水,它们渴坏了,我得马上找一个孩子为它们浇点水!

环顾清晨的教室,大家都忙于各自分管的卫生,还真是找不到合适的人,除了杰。他能行吗?一看到这个孩子,心里总是疙疙瘩瘩地不舒服:学习不好,爱打架,爱顶嘴,爱拿别人东西,好动,永远管不住自己……时间久了,谁都不爱理他,就任由他在座位上自己忙活,只要不影响别人。

"杰!"要忙着检查孩子们交上来的作业,又实在找不到其他闲人,我只好试探着叫了一声。"老……老师,你叫我吗?"孩子略有迟疑,又很快回应着。"是呀,老师有点忙,咱班的花该'喝水'了,你能不能……""老师,要浇花是吧,这个我会!"我还没来得及叮嘱,他已经风一般地提着喷壶冲出了教室,在我面前一晃而过的眸子里,竟有着掩不住的兴奋。"这家伙果真精力旺盛,让他干个活都连跑带颠的,没点沉稳气。"心底深处,我一声叹息。

水很快打了回来,孩子眼底的那抹兴奋也还在。我边批着作业,边偷偷打量着杰的一举一动:每盆花他都是先用抹布细细地把叶片上的浮尘擦净,然后轻轻拂开枝叶,将水雾喷洒在根部……真没想到,这活干得还有模有样。带着抹笑意,我开始专注于自己的工作。

"咣当"一声,惊得我赶紧抬起了头。只见杰一条腿正跷到了电视柜前的凳子上。"老师,你看。"许是捕捉到了我不快的表情,他连忙开口解释着:"这花没人管,快不行了。"

可不,一盆吊兰奄奄一息地悬在电视柜顶端,叶子已近枯黄,姿态凌乱得如霜后杂草。"这叫什么花,杰,拿出去扔了吧,没法看!"毫不犹豫,我做出了"扔"的决定。

"老师,它……它还能活呢。"杰怯怯地看了我一眼,和刚才上蹿下跳的他判若两人。"要不把它给我吧?"我一怔,隐隐的不安与愧疚肆意蔓延着。当初植下花花草草时,每个人都可认领一盆,并用自己的名字命名,可是杰没有。自己都管不好的人,还能管好花?此时此刻,看着孩子眼底闪烁的满满的渴望,我心里有着说不出的酸涩。随手栽下的吊兰,我把它束在高空,搁于角落,任其枯萎,却从未想过让它被一个孩子所拥有。

"老师再和你重新栽一盆好吗?这盆花都干枯了!""不,不用!老师,你看,还有地方绿着呢,它能行。"杰指着一片底部透着些许绿的叶子让我看,真诚又焦急。相处的这两年里,因为顽劣,因为好动,他被我发自内心地拒绝着。可这一次,我再也张不开说"不"的口,呆立原地看着他如获至宝般地领走了那盆没什么生气的"杂草"。

"杰,你的吊兰还好吗?放哪了?""老师,我一有空就去看它,它长好了就搬回来!"隔三岔五,我也会惦记起那盆被杰"领养"的花,小心地探问。

"杰,电视柜上空荡荡的,有盆花该多好!"想起了昨天隔壁活动室老师"门都快被你班那个孩子开坏了、趴坏了"的抗议,我只好向杰求助。"蹬蹬蹬"的脚步声由近及远，又由远渐近，快得让我猝不及防，最终停驻在教室。杰的手中，一盆葱绿闪着莹润的光泽，让整间教室都焕发了勃勃生机。真不敢相信，那盆被遗忘的即将萎去的吊兰，竟然也可以在某一天点亮这间教室。

每天，杰都为教室里所有的花忙碌着，我总夸他是"养花护花小行家"；每天，杰也都专注于他的那盆花，那些不受控的行为也慢慢减少着……我渐渐明白，杰其实就是那一株被我遗忘的吊兰，在阳光不及、雨露不洒的地方，我曾粗暴简单地认定了他无法生长，放任着他慢慢枯萎。其实，若能有一抹光的温暖或一滴水的润泽也许就会大不一样。就如同近段时间，一个善意的呼唤就能将我和杰之间这种台上台下的距离拉得近些，一个信任的眼神就抚慰了他寥落的心情，一抹柔软的微笑就能荡去蒙于他身上的迷霾，每天几句轻声的交流更是激发出了杰别样的能量。一点点，原来只要多做一点点，美好的改变就可能发生。

老师们，你们的教室里有没有那么一株被遗忘了的"吊兰"？如果有，不妨多给他一点关注。也许，几缕光的拂过，明媚的就是一个鲜活灵动的生命！

每一颗心，都值得温柔等待

因为要录制一节公开课，我又回到了特殊教育学校，回到了我已经带了五年的那个班上。消失许久后的突然现身，让班里十几个孩子一下子兴奋了起来，围着我叽喳个不停。"哎，老师，你跑哪去了，知道我天天在等你吗？"指着我鼻子的女生，"粗暴"地责问。"杨老师，我可想你了呢！"扯着我衣角的小家伙，讨巧地撒娇。"你再不走了吧？"个头猛蹿的半大男生，略带紧张地追问……唯独他，坐在那里动也不动，好像我就是一个陌生人。

"聪，你能不能把面前1元面值的人民币都找出来呢？"很不甘心自己就被这样给无视了，课堂上我找了个时机率先向他发问。迟疑了好久，他才站了起来，翻了翻上衣口袋，向我伸出了手。

如果不是教室后面还有摄像机正"盯"着我的脸，我一定会暴怒地厉声呵斥。可此时，再多的怒气也要耐下心来等事后发作，自己只能面不改色，亲和如常："是好久不见想杨老师了，给我留的礼物吗？"盯着他手心里早已揉成一团的纸球，我这样调侃。"嗯！"聪居然很是郑重地点了点头。见我正儿八经地把"礼物"收下，他才对着桌面上的那一堆人民币仔细地找了起来……

那张黑乎乎、皱巴巴的纸球上，依稀能看到一个扎着马尾的小人站在黑板前，正面向着讲台下的几个小脑袋，黑板上写着"教师节快乐"几个大字。我怔愣住了：没离开学校时，这不是我最惯有的形象吗？原来，他给我的真的是一份礼物，一份从教师节经冬历春等到了现在的礼物，一份历经了太久远的时间早已斑驳难辨的礼物。多少次等待，多少回盼望，孩子才终于和我有了再次的相遇呢？

回想起课堂的一幕，不免后怕，如果没有摄像机的强力"盯"压，如果我的斥责暴怒冲动地脱口而出，那一颗怀了温情长久等待的心必定会瞬间冻结，满是冰霜吧。教育中，有多少伤害就是发生在那么急不可待的当下，就是因为为人师者的我们太过于相信自己即时的判断。有时候，等待之后，经历之后，才知道荒唐背后有着真诚的举动，雪地之下藏掩着一颗春天般的心。

忆起之前读过的一篇文章：主持人访问一名小朋友，问他长大后想做什么，小朋友说要当飞行员。主持人接着问，若有天飞机引擎熄火了怎么办，小朋友说，他会先告诉乘客们系好安全带，然后自己打开降落伞跳出去。这样抛下众人独自逃开的做法令现场哗然，可孩子稚嫩的小脸上两行热泪却夺眶而出，他说自己要去拿燃料，还会回来的。一片哗然惊愕的背后，原来竟是藏了颗如此纯稚良善的心。等一等，再多一点耐心，我们就能看到一颗最美童心的绽放。

大树要对一棵小草有耐心，即使生活环境再差，小草也一直在顽强坚韧地成长；大海要对一条溪流有耐心，哪怕溪再浅，也有着滋润一方田野的力量；太阳也要对夜晚的月亮有耐心，因为月亮可以代替它，在晚上散发出柔和的光亮。作为老师，我们面对那些稚嫩的成长生命时，更要多一些耐心的等待，因为总有些深情，只有在时间的发酵中才能被懂得。

读读孩子的眼睛

一

低年级的课堂上,一个小男孩的突然爆发搅乱了这一室的平静有序。他先是离开座位满地乱跑,被老师抓回后又拼命地摇晃桌凳,大喊大叫……上课的老师歉意地解释着:"他情绪向来不稳定,喜怒无常,大家都说他是个自闭症患儿!"

于是,我的视线更多地落在了这个"自闭"的孩子身上。闹腾了一小会儿,小家伙慢慢开始静了下来,坐在位子上左瞧瞧、右看看。在目光与我对接后,他居然嘴角上扬,调皮地冲着我眨了眨眼。

真的是个"自闭症"吗?一个疑问瞬时浮上心头。

一次临时安排,我以代课教师的身份再次与他相逢。简单地示范了几种花片的插法,我便把时间放手给了孩子们,自己只是稍做指导,视线也更多地投向了小男孩。这次,他没有乱跑,没有哭闹,手里拿着花片,努力地拼凑到一起,还时不时地抬眼看看我。偶尔目光碰触,他便会低下头来微微抿嘴一笑,带着些乖巧的小羞涩。

自闭症的孩子不善互动,更不可能用眼神来互动!这个男孩在我走进教室时小眼睛便滴溜溜地跟着我转,捕捉到我的关注时眼神里也会溢出格外闪亮的神采,怎么会是?……"啊啊!"一阵急促的声音将我漫游的思绪拉了回来,孩子举着手里的作品冲我示意,眼里闪烁着急切与找寻。

"真的是你插出来的？小手多灵巧呀！"我微笑着伸出大拇指点赞。肯定与再次关注好似一颗"安心丸"，孩子坐正了身子，很快又专心地忙活起来……

这个不会用言语表情达意的男孩呀，他的眼睛里其实写了太多对关注的渴望、对认可的迫切！只是，多少人却从不曾读懂过。

二

操场上，运动会正如火如荼地进行着。观众席内，我班的旁边，一个手脚不太灵活的小姑娘垂着头、嘟着嘴，满脸的不开心，与周遭的喧哗热闹格格不入。

"你怎么了，热不，想不想喝水？"细心的班主任老师也察觉到了孩子的异常，关切地询问着。

"不！"孩子含混地吐了个字，又机械地摇摇头，两只眼睛却不停地瞟向赛道。那里，几名身手矫健的运动员正飞一般地冲向终点。

老师转过身去，没再理会。可身畔情绪低落的孩子，却勾起了我的好奇。

广播里不停地传来检录处的点名声。每每声音响起，小姑娘便会努力仰起头，满眼透出一抹期待的光，好像下一个被念到的名字就会是自己；声音落下，小姑娘会泄了气般歪在椅子上，眼睛里的失落愈发地无处可藏……

运动会结束后，在返回教室的队伍里突然有了骚动，有个女孩一屁股坐到了操场上耍赖，怎么样也拉不起来。

"这孩子就是有个怪脾气。""孩子惯不得，亏了班主任还又是好吃的又是好玩的哄。"……在声声指责议论中，那个不太灵便的身影，那双将期待与失落交替闪现的眸子，却将我深深刺痛。

即便是一个笨手笨脚的学生，也有着一颗渴望参与集体活动、渴求融入同伴群体的心。那些写在眼睛里的小秘密，老师却不曾读懂！

三

马路上的一幕最近颇让我忧心！

下班途中，总会遇见以前班上的一个孩子，我在自己开的车里，他在妈妈的自行车后座上。这个不太安分的小东西，坐在后座上不是左顾右盼，就是频频向后张望，着实危险。

我曾把情况反馈给班主任，希望她的劝阻与忠告能让孩子停止不安全的举动。可批评没少挨，孩子不规矩的行为却照旧。

周一清晨，刚进校门，我远远地便发现那个孩子站在教学楼门口向外张望。"为什么不乖乖坐在教室里呢？"我暗自嘀咕着，加快了脚步，想喊一嗓子让他回去。

可随着距离的拉近，随着小脸越来越清晰于眼前，我在那双单纯而澄澈的眸子里却捕获到了热切的欣喜、浓浓的依恋，甚至连周遭的空气里都溢满了孩子那灵动于双眼、发乎于心灵的甜蜜。

我心头一颤！"孩子，早上好！你在等我吗？"话音未落，脚步还来不及停驻，小家伙却早已转身飞奔而去。旁边的教室里，激动得有些震颤、兴奋得近乎狂喜的声音传来："我看见杨老师了，她和我说话，她的裙子可真漂亮……"

一抹水汽瞬间氤氲了眼角。放学路上为什么左顾右盼，为什么频频回望，在这一刻终于有了明晰的答案：一切皆因路上有我！透过那双承载了太多情感的眼睛，我才明白，改变孩子不恰切的举动，我就是那味最有成效的灵丹妙药。

险些错过了眼睛里的精彩与感动，也幸好，一切都没有太迟！

四

眼睛确实是心灵的窗户，那窗上，映着许许多多不曾言说的故事、不能描摹的思绪，需要用心去触悟、用智慧去品读。

特殊孩子的世界里，也有那么重要的一扇窗。那些无法表述的情绪、无所安放的困顿也都密密麻麻地投射在窗上，我们要善于去洞悉、善于去体察。

读读孩子的眼睛，这又何尝不是为人师者的必修之道呢？

彼时童心，此刻师心

很多人都好奇："毕业了被分配到特殊教育学校工作，这显然不是理想的从教之路；工作后的磕磕绊绊从未停止，这足以摧毁一个人的全部热情。为什么你却能一直葆有对孩子的关注与包容，愿意始终如一地坚守着？"

很多时候，我也有过逃离之心，也有过始终无法挣脱的困顿。但支撑着我依然坚持下去的动力，却与自己学生时代的几段回忆有关。

看见一颗种子

回顾童年时代，自己实在算不上什么好学生，至少不是那种遵守纪律、思维始终跟着老师转的学生。听着听着老师的讲解，我的心便游离了：那只误打误撞飞进教室的蝴蝶，它能否突破重围，找到出路？窗外的笑声似乎要冲破云霄，到底发生了哪些趣事？课下偷看了本小说，不知后续如何？好几天没有看到邻居家新出生的小狗，不知道它们是否长大了点？……那样的神游怎么能逃得开老师的法眼，于是，时不时地就会有个小粉笔头儿击中我的脑壳，或者经常受到"嘉奖"站着听课。

其实，"上课要专心听讲，集中注意力"的大道理，我内心都明白，也努力想要达到那样的境界。只是，那时我就是一个脑袋里装满了奇奇怪怪想法的孩子，就是有那么多新鲜有趣的事物吸引着我的注意力。所以老师们常常这样评价我："是个聪明的孩子，却不是个坐得住的孩子！"

多年以后，走上讲台，望着下面双双顾盼不停的眼睛，捕捉着那时

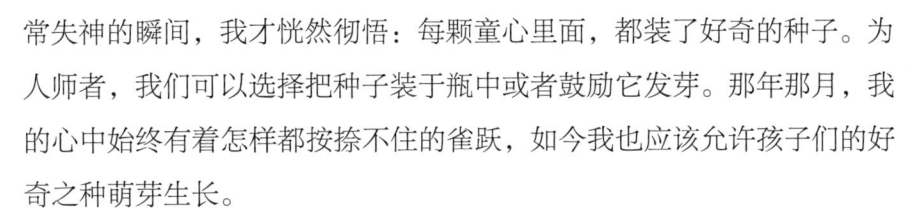

常失神的瞬间，我才恍然彻悟：每颗童心里面，都装了好奇的种子。为人师者，我们可以选择把种子装于瓶中或者鼓励它发芽。那年那月，我的心中始终有着怎样都按捺不住的雀跃，如今我也应该允许孩子们的好奇之种萌芽生长。

包容了学生因教室内外大事小情而分的神，我希望他们既能读进去"圣贤书"，又能闻得"窗外事"；纵容着孩子们对一片雪花、一片落叶的迷恋，甚至带领他们走出户外亲自去感受、去捡拾，我相信这才是多年以后心间永存的念念难忘。

时光使我的童年生活斑驳，却予我了一颗温柔之心——呵护一颗种子！

等待一朵花开

至今，我仍旧想不通，初二有段时间自己为什么会叛逆得无法无天。嫌数学老师布置的作业多，身为学习委员的我带头不完成；被班主任批评了我却把头高高昂起，满脸的无所谓；穿过走廊时会刻意高声笑谈，彰显着自己的存在；被老师罚站在门口思过，我却拿了书包转身就走，还觉得自己很酷……似乎，满脸桀骜方能彰显个性；又似乎，我只是想很蹩脚地证明自己的成长。

那种张狂并没有维持多久，我就老老实实恢复了原状。回望那段不羁时光，不免惶恐又自责：为自己的逆反失礼愧疚，为不明缘由的失常慌乱。

身份转换，我从那个曾经叛逆的孩子变成了一位老师，我也遭遇了许多个同我当年一样让人头疼、甚至更为特殊的孩子。"这只是绽放前的枝干在舒展它的长刺，再耐心地等一等，它们会自然地开花！"在孩子身上，我看到了自己的影子，也悟得了教育成长中某个阶段的必然、某种等待的必需。

往事在回味中慢慢发酵，透过岁月，我读懂了另一种教育意蕴——

守望一朵花开。

珍爱一枚果子

　　学生时代，有过许多荒唐的行径：疯狂迷恋金庸的武侠剧却又总是被大人隔离到自己学习的小空间里，于是我偷偷把家里所有的镜子收集起来，希望能让门缝中屏幕透出的光影折射、再折射跑到眼睛里，虽然从未成功，但那种变着花样的尝试却持续了好久；书中的文人都是小酌几杯后便文思泉涌，被周末作文折腾得一筹莫展的我决定也以酒助兴，父亲的老白干被我捏着鼻子喝掉几大口，灵感没找到，换来的却是一场宿醉和一顿暴打；海报上时髦女郎的卷发让我好生羡慕，听说那样的造型都是用会发热的电棒烫出来的，于是趁着生火的当口儿，也拣了根滚烫的柴棍把头发缠在上面……

　　其实应该感谢年少时的那些折腾，它们就是一枚枚鲜活的果子，无论酸涩甜苦，在那段童稚时光中自己曾亲口品尝过的、关于味道的印记自然格外深刻。

　　有了自己的参照，面对特殊学生不可思议的想法、不在频道内的做法，我更多了份理解：尝试过，孩子们才会知道行为的边界在哪里；体验过，那样的生活经历才真真切切……我愿意陪伴，愿意呵护，却不希望过多的束缚。"我看到了，我忘记了；我听到了，我记住了；我做过了，我理解了。"蒙台梭利这句话深得我心，因为我始终坚信，果子是酸还是甜，尝尝才知道。

　　流光飞逝，谁能抓住溜走的童年呢？时光不语，可又分明悄声地对身为教师的我叮咛着——成长的果实要让孩子自己摘、自己品。

　　我的童心，似静夜的星星，调皮又不那么安分；我的师心，似煦暖的阳光，温暖而又包容。我想，连接这两颗心的，应该是一条叫作教育的河流，温润，纯净……

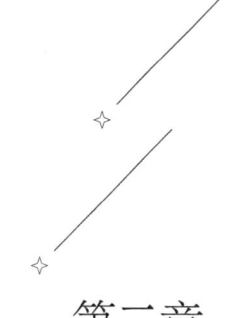

第二章
特殊的教育事件，理性应对

教育生活，每天都是大事小情迭出，故事和事故交替而来。如果缺少了理性的解读、细密的关照、悉心的呵护、智慧的应对，这样的教育便会只余"教化"味道，缺少"培育"温情。其实，每个事件都必定蕴含着教育哲理，每个举动也必然彰示着心灵的需求。只有理性应对，善于捕捉那些细节之美，我们才能在心灵之弦中弹拨出和谐的成长乐章。

并非多余的"一点"

那节课,一直留存在我的记忆里。"执教老师有着十多年的教学经验,课堂评价怎么会那么草率随意呢?"虽然没有像其他听课老师一样直接点明,但我内心里却始终犯着嘀咕。

语文优质课评比现场,老师让前排的男孩起来用"不但……而且……"说句子,孩子支吾了半天,终于"憋"出了一个和前面的同学完全一样的答案。原本流畅的课堂因为这个男孩漫长的耗时瞬间松散开来。更为夸张的是,老师竟然对着男孩连连点赞,"不错,回答得非常正确!"

评课环节,大家对这节课的整体设计、知识点的把握都给予了认可,但也都不约而同地认为,老师临场处理问题不够机智灵活,孩子那么明显的"不会"竟然还刻板地赞扬,肯定不合适,那句"回答得非常正确"就更是多余的一点败笔。自然,有了人人可见的瑕疵,课赛的成绩也就好不到哪里去。

"那节课,真是可惜了呢!"近日出差,恰好与那位老师邻座,提起比赛,我为她惋惜。她却宛然一笑:"杨老师,我的学生我了解,他能把那么长的句子说完整,已经相当不容易了呢……"我有些呆愣,心里竟一下子涌上了说不出的情绪。

在交谈中,我才知道男孩有轻微的智力问题,行为也常常失控,很多人都为之头疼。但这个老师是个例外,似乎总有办法安抚住孩子的情绪,孩子对她也格外亲近。所以这两年,家长总是想方设法把孩子调到她的班上。

"我的学生我了解……"当我们不经意间一层层将真相剥开的时候，便会发现，那句赞赏与肯定，绝不是多余的"一点"，而是以暖暖的温度对一颗特殊心灵的呵护与关照。显然，不了解实情的局外人，习惯了站在自己的角度和高度去做主观评判，得出了相当鲁莽的论断。我们的教育中，我们的课堂上，还有多少个"一点"被不明情由者失误地解读为"多余"了呢？

看着面前这位神情淡然、谈起孩子却眉目间瞬时含情带暖的老师，我的脑海中浮现出了另一位老师的形象——绘本故事《瓦斯蒂画点》中的那位老师。

"随便画个线或点，看它能指引你去哪儿。"课堂结束了，老师这样鼓励画纸上一片空白的瓦斯蒂。瓦斯蒂猛地抓起毡头墨水笔，在纸上潇洒地用力一戳。"这里！"老师拿起纸，仔细地研究了半天，把纸推到瓦斯蒂的跟前："现在，签上你的名字。"一周后，瓦斯蒂走进美术教室惊奇地发现，悬挂在老师办公桌前的，正是她画的那个点！而且，她的画还镶嵌在金色的涡形画框里！

"嗯……我可以画得比这个更好嘛！"瓦斯蒂拿出以前从来都没用过的水彩，开始画不同颜色的点，不同大小的点。几周后，在学校的艺术展览上，瓦斯蒂画的各种各样的点画让大家大开眼界。一个小男孩对瓦斯蒂说："你真是个大艺术家，要是我也可以画画该多好啊！""你当然可以，我可以保证。"瓦斯蒂说。她递给小男孩一张空白纸，说："你画给我看好吗？"小男孩画了起来，他在画的时候笔在颤抖。瓦斯蒂盯着小男孩的画看了一会然后说："请在这里签名。"

原来，只是对一个"点"的鼓励，就能激发出孩子无限的可能，就能让脉脉的温情从一颗心灵传递到另一颗心灵。两位老师，存在于不同的时空中，却因都怀了颗剔透柔软的心而在我的行旅中相遇，引我沉思，予我启迪。

成长的路上，也许总有些磕绊让孩子望而却步，总有些障碍让孩子为打不开面前的一扇扇门而沮丧绝望。可是，有时候只要一次小小的体恤、一点小小的暗示、一丝小小的鼓励，就足以让阻碍他们前进的大山轰然坍塌，让光明的大路裸露于孩子的成长面前。教育中最能撼动心灵的，绝非建筑设计的高大富丽，绝非教育活动的热闹气派，也绝非课程改革的不时出新，有时候，恰是这看似多余的"一点"，才闪烁着人性的光辉，才能够让我们真正触摸到教育的温度……

　　面对那些多余的举动，不必要的话语，没什么"营养"的鼓励，我们不妨停一停，歇一歇，听听背后的故事。或许，我们会发现不一样的美好，会体会到那些"多余"是多么的有必要。

陪你一起种太阳

"老师，快，末末不见了，下课铃响后跑出去就一直没回来……"走廊里慌乱的报告声由远及近袭来，我连忙站起身子迎了出去。

"怎么回事？慢慢说！"先安抚了孩子激动紧张的情绪，在他仓皇的表述中了解了大概：铃声刚响，不待老师宣布下课，末末便冲出了教室。老师以为他去厕所了，派人去唤，才发现厕所竟空无一人。

"小家伙会去哪儿呢？大门紧闭，门口也有人值班，肯定出不去……"我一边将学生送回教室上课，一边焦躁地四处环顾，恨不得马上把这个叫末末的孩子揪出来。

末末是班上一个特别的存在，这个十几岁的孩子智力上有缺陷，连十个数都认不过来。学校曾经多次做过家长的工作，建议把孩子转到专门的康复机构接受更有针对性的教育，都被孩子母亲断然拒绝了。尽管我这个班主任极尽所能希望给孩子多一些关注和呵护，但几十个学生的管理工作和手头应接不暇的增派任务常常令我心有余而力不足。有心与孩子母亲多一些沟通，在相互帮衬中多拉孩子一把，但每每面对末末妈那张终日阴沉不带半点温度的脸和见人避之不及的态度，我便深感无从下手。

一个人闷头找不是办法，我只好回头去搬更多的救兵。临近教学楼门口，大松树底下的枝叶遮掩中露出了个毛茸茸的小脑袋，我三步并作两步奔了过去："小家伙，你在这儿呀，我好一顿找……"

"嘘，老师别吵，我还要干活呢！"我的话还未完全出口，末末便一脸郑重地打断了我。只见他手里拿了半截树枝，用力地在地上一直挖捅着。

"末末要干什么？让老师来帮你好不好？"一听说我可以帮忙，孩子的眼里瞬时聚满了光彩。"老师，你帮我挖坑好不好，我想要种太阳！"

"种太阳？"我心里兀自一惊，目光移转，正好落在旁边那个画了好几个太阳的美术本上，强烈的好奇心瞬时将我牵绊。"老师可以帮忙，但我想知道末末为什么要种太阳。春天来了，我们种些小花小草不好吗？"

"不，只种太阳！"孩子一脸笃定。"爸爸不爱回家，因为他说妈妈是个老阴天，末末害怕。老师，等我种的太阳出来了，妈妈是不是就不阴天了，我想爸爸了，也想妈妈笑一笑……"

我一下子怔住。谁说末末是个智障的孩子呢？他有一颗多么敏感纯净又多么执着的心！那个时时戴着口罩把自己遮起来仍遮不住一脸阴郁的妈妈，那个天天把自己关在家中顺便也隔绝了外界温煦阳光的妈妈，那个只顾怨责缺陷带来的苦痛却忽视了孩子的善良纯美的妈妈，她可曾俯下过身来拥抱下这个如天使般的宝贝？看着孩子可爱的小脸，我的心中不由百感交集。

"老师，老师，你要帮我吗？"孩子切切地呼唤。

"要，当然要！"在周围寻到一个石块，我同末末一样，吃力地在泥地上挖出一个个小坑，再看着孩子无比虔诚地把一个个"太阳"放入坑内，我帮着他覆上泥土，再慢慢地抚平、踩实……

"太阳什么时候会长出来呢？"

"末末要耐心等哦！老师悄悄告诉你一个秘密，如果你能每天回家抱抱妈妈，也许很快就长出来了。"

"真的吗？谢谢老师！"孩子一蹦三跳向着教室的方向走去，嘴里有模有样哼唱着"啦啦啦，种太阳，啦啦啦，种太阳……"

可爱的孩子，老师可以陪着你慢慢种下很多的"太阳"，可是谁能告诉我要怎么样才能让那些温暖的光芒照进你的生活，照亮你童稚的心灵呢？走回办公室，深深地吸一口气平复自己纷乱的心情，我拿起手机拨通了末末妈妈的电话……

撬开一道缝隙，让光进来

"老师，老师……"凌乱的脚步声夹杂着急促的呼唤由远及近，我连忙起身，还没到门口，办公室的门已被撞开。"宇又在操场上发飙了，体育老师让您过去看看……"班长边喘息边汇报着。

"开学这才几天呀，情绪失控却如吃饭一般平常！"我的头不由一大，内心边嘀咕着边乱了分寸，刚接手时前任班主任的叮嘱再次回响耳畔：那个孩子情绪有问题，别看外表是个文文静静的女孩，但内心就像颗不定时炸弹，不知什么时候什么事就能引爆。

上次，数学课上一个简单的问题没答出，老师只说了句"最近表现很不好"，结果一下课教室里就成了狼狈的战场，书本文具被她扔了满地；上上次，音乐老师的钥匙环遗失了，碰到宇时随口问了句"看见没"，她失控地破口大骂："你是个有病的老师！"今天又是为什么呢？在班长的描述中，我了解了来龙去脉：下午第一节是户外体育活动课，大冷天，宇居然在棉裤外面套了一条薄纱的半裙，这不伦不类的打扮让老师没忍住笑，便劝道："你这穿法真奇怪，快把裙子脱下来。"没承想，一言出口却如同点了把火，小姑娘先是冲着老师一通暴怒吼叫，接着就一屁股坐在冰冷的地上，任谁叫谁拉就是不肯起来。

怎么办呢？之前的几次发飙即便是我这个班主任到了现场，也没能有效阻止"爆炸"的发生呀！去往操场的路上，我的大脑飞速运转着。

"我们家宇就不是个正常的孩子。老师，您就多担待些吧，比起之前在普通学校常被同学嘲笑，能有现在这种专门的学校，我和她爸已经很知足了……"前一段时间家访时,谈到宇的在校表现,老实巴交的宇妈一脸歉意地看着我,显然,她也不知该拿自己的女儿怎么办。

"被嘲笑,被看不起",这几个字眼在眼前频频闪现,会不会?……想着宇妈的那番话,我原本窒闷压抑的心竟莫名闪现一抹微光,沉重的脚步也轻快了起来。

"小丫头,地上那么凉,你怎么能坐着呢?哟,这个白裙子可真漂亮,联欢会上你要穿着它跳舞肯定就是个小仙女。快起来,让我好好看看,正发愁你演出时穿什么呢!"我边把真诚的想法传递出去,边向孩子伸出一只手。小姑娘略显犹豫地看着我,当捕捉到我直达眼底的笑后,抓住了我的手借势站了起来。"小家伙,长成漂亮的大姑娘,更爱美了,走,跟我回教室,我前几天在网上看到了衣着怎样搭配更好看,咱一起去研究研究。"说完,我转身便往回走。这一次,没有丝毫犹豫,孩子脸上带着几丝兴奋,乖乖地跟我回了教室,也乖乖地脱去了纱裙,带着份更美丽的期盼学会了要恰当地穿衣。

后来,再次面对情绪屡屡失控的宇时,我便很容易找到破解之法,也总会在破解之后做进一步的教育引领。大家笑言:"还是她杨老师'魔高一丈',教之有法呢!"玩笑之余,我亦深思:哪里有所谓的魔法呢?我不过是在那次操场事件中发现了孩子蒙尘心灵中的一条缝隙,并试着撬开了它,然后让有效的教育之光一点一点铺洒了进去。

教育中,那些长期被歧视、被排斥的孩子,比别人更加脆弱而敏感。就拿宇来说,一句看似平常的否定式点评,触到的是内心那根纤细的弦,弦绷得紧了,自然很容易断掉;一次不经意的随口发问,碰上的是内心那根敏感的弦,弦音失准,自然难有和谐之声;一抹没忍住的笑、没用对方式的劝,触痛的是内心那根自尊的弦,找不到自我的瞬间,引发的自然就是整颗心灵的崩裂。面对这样的孩子,我们只能先小心地撬开条缝隙,再由此入手,将成长之光缓缓地注入心灵。

孩子,期待着你的世界阳光灿烂,我一直行在探寻的路上!

等待，是为了给"野草"开花的时间

"快点，连个衣服也不会穿，跟上队伍！"楼梯上，在班主任的疾声催促下，一个孩子手忙脚乱，不知道该顾着半披在身上的衣服还是该留心脚下的楼梯。

"小家伙，你慢点儿，先站在这儿把扣子扣好了，再下去吧！"孩子的窘迫被我捕个正着，心有不忍的话也便脱口而出。看到班主任回头瞅了一眼，我才惊觉，自己又不受控制地"多管闲事"了。于是，我只好讪讪地解释着："看起来他需要多一点时间，我在这里等一等吧，你先忙着，一会儿正好去餐厅，顺便把孩子带过去！""他一直拖拖拉拉的，入校好几年了，衣服还不会穿，就没什么是他会做的，不入流的'野草'，那麻烦你了……"伴着一连串的抱怨和客套，前面的队伍很快下楼了。

"我是杨老师，穿衣服需要我帮忙吗？"看着楼梯上不知所措的孩子，我弯下腰身轻声问着。孩子怯怯地摇了摇头，自己扯着衣襟，边吃力地把衣服捋齐整，边不太流畅地表述着："自己会穿的，我慢。"忙活了好半天，两只小手用着笨拙的劲儿终于吃力地把一个纽扣从扣眼里掏了出来，孩子兴奋地说："老师，你看，我会的！""是呀，慢慢来，会越来越熟练的，我等你。"似乎在一番折腾后终于摸到了某种窍门，后面的几个扣子很快便一一扣好，那张仰起来等着我肯定的小脸上满面阳光。

等待，在此时，在这个幽暗的楼梯内，是一种多么积极、美好的表情和姿势呀！有的人，愿意花整整一下午坐在塘边等待一条小鱼，有的人，舍得花整整一天时间于窗前等待一场大雨，而此时，我愿意花多一些、再多一些的时间，等待着面前的这个小男孩，用他那不太灵巧的小手慢慢地穿好衣服，再缓缓地绽放出属于他的那份灿烂。

孩子的成长是缓慢的，教育的本质也绝不应该是风驰电掣般地飞奔，"三分教，七分等"，我们的教育何必一定要那么拼命地抢时间呢？我们又为什么不能给孩子多一点点的耐心和等待呢？

有一位隐士住在山中，他很勤劳，每个春天，台阶上的野草刚探出头便被他清理掉了。因此，他的房屋四周，非常整洁、干净。后来，因为要出远门，他便托一位朋友帮忙看守庭院。这位朋友很懒，从不修剪台阶上的野草，任其自由疯长。

暮春时节，一株株野草开花了，五瓣的小花氤氲着阵阵幽香，花形如兰，不同的是花边呈蜡黄色。这位朋友怀疑它是兰花的一种，便采了一株，去请教一位花卉专家。专家仔细观察了一阵，兴奋地说："这是兰花的一个稀有品种，许多人穷尽一生都没能找到它，如果在城里的花市上，这种腊兰的单株价格至少上万元。"

"腊兰？！"知道结果的隐士，惊呆了。每年春天，那些他眼中的"野草"都会破土而出，只不过刚刚发芽就被拔掉了。如果可以多一些耐心，如果能够给它们一些生长的时间，等待它们开花，那不是早就发现它们的价值了吗？

人们常说，教师是园丁，守望的是一片充满希望的田野。现在，我更愿固执地坚信，园丁的价值就在于精心护理，耐心等待，让每一株植物都有生长、开花的可能。

曾经，自己如那位隐士般容不得沙土、杂草，简单粗暴地进行着清理、拔除工作；自己也曾经如那位风风火火的班主任一般，惯于在紧张、焦虑和浮躁中匆忙过活，却不愿意耐下心来等待花儿开放的那一刻，不愿意平复情绪等待孩子缓慢成长的过程。"杨老师，您是个急性子，上课时我总是紧张，因为好多问题我马上就要想出来了，可是您却等不了……后来，我再也不愿意回答问题了，因为我反应得慢！"同一位毕业多年的孩子交流时，她点醒了我：总有许多绽放，是在等待中到来的，也总有许多遗憾，是在放弃等待后留下的。对于成长中的孩子来说，似乎没有什么比耐心地等待更加重要。

"老师，我喜欢你！"走廊里，我步履匆匆，身后一只手却扯住我的衣角。一怔间，小小的臂膀已从身后将我抱住，是楼梯上那个被我"陪伴"着慢慢穿好衣服的小家伙呀。"老师，我现在可以很快地自己穿衣服了呢！"糯糯的软语中，散发着几分得意与自豪。

等待，所有的等待，其实都是值得的！就像此时，那个行动不便的小男孩在我面前笑靥如花……

让他飞，就别去折断翅膀

"不是说了学生自己不能倒水得由老师倒么，要是烫到或者出了事，你能担得起责任不？别的班主任什么事都亲力亲为，你倒好，就会吩咐学生，这是典型的不负责任……"面对领导的斥责，我只觉得脸"唰"地一下，不知道变成了什么颜色。很想解释下这样做的理由，话到嘴边，却终被吞了回去。众目睽睽之下，所有的辩白都可能是另一种激怒。我默默地接过孩子手中的水壶，一个一个为他们把水杯添满。

心里揣着沉甸甸的包袱，我反复追问自己："真的做错了吗？如果在我的看护下，孩子们自己为自己服务也是一种错，那么脱离了生活后又去开发教材培养学生的劳动能力岂不是一种更空洞的教育尝试？如果一面喊着要发展学生自理能力，一面又以安全为名缚住他们的手脚，这样的教育难道不是自相矛盾吗？"

学期初的那一幕犹在眼前："为了更好地培养学生的动手能力和生活适应能力，本学期起我们要开发生活技能校本课程，各位老师一定要立足学生实际，认真筛选素材，本着为孩子人生奠基的原则把这项工作做实做好。"新学期的教学工作会上，分管领导谈到了这项崭新的计划，郑重其事。确实，在一所特殊教育学校，聚集的是一群身体不灵便、头脑亦不聪慧的残障孩子，文化知识对他们来说是座永远无法攀爬的高山。如果能在十几年的学校教育中，让这群孩子拥有优良的人格品质、独立的生活自理能力，的确是非常实用的成长突破点。"只要理念跟得上孩子的发展，一切就都好办了。"我内心有点庆幸与欣喜。

只是，两天没过，又一个"重要宣布"便雷得我目瞪口呆：孩子安全无小事，天气转冷，前几天学校为每个班配备了保温瓶，请班主任老师课间去打回热水，亲自倒给学生喝，以免发生意外烫伤事故。

十五六岁的学生，虽然智力和能力都落后于常人，但并不是毫无知觉和辨别能力的，真的有必要凡事都由他人代劳吗？这与之前提出的要培养学生的生活能力不是相悖而行了吗？更何况，在成长过程中，有些行为的边界不是靠别人告知便能获得的，是需要孩子们自己小心地探索和切身去实践体验的。

我亲自去接了两天水，便有了不一样的发现：无意中流到手上的水，温度并没有想象的那么高。再细细观察，原来热水器已设置为40度的恒温。心里一喜，便和孩子们讲了些接水时应该注意的事项，再陪着他们去实地操作。几天下来，学生早已轻车熟路，他们自动分工，轮流来完成接水倒水的任务。无形之中，一项良好的生活技能便悄然形成。只是没想到，这个令我沾沾自喜的尝试竟然很快便"夭折"了。

其实回观我们的教育，那种设想很美好、行动却又完全让人摸不着头脑的做法无处不在。我们一面大谈特谈着要尊重人性，因材而育，又一面进行着整齐划一的"催长"工程；我们一面强调着要强健学生体魄，一面又下达着课间不得跑跳的严令；我们一面清晰地认定思维能力的发展就意味着一个孩子的未来，一面又想方设法将他们的思想牵引到固定的轨道上来……在这样总是自相矛盾的教育中，我们究竟能培养出什么样的孩子呢？

曾经读过这样一则小故事：一个男孩在草地上发现了一个蛹。他把蛹捡起来带回家，要看看蛹是怎样化为蝴蝶的。过了几天，蛹上出现了一个小裂缝，里面的蝴蝶挣扎了好几个小时，身体似乎被卡住了，一直出不来。小孩子看着于心不忍，于是，他拿起剪刀把蛹剪开帮助蝴蝶脱蛹而出。可是这只蝴蝶身躯臃肿，翅膀干瘪，根本飞不起来。小孩以为几小时之后，蝴蝶的翅膀会自动舒展开来；可是他的希望落空了，一切依旧，那只蝴蝶注定要拖着臃肿的身子与干瘪的翅膀，爬行一生，永远无法展翅飞翔。

　　作为教育者，我们能陪伴孩子一程，却无法搀扶他们一生，只有适当放手，才能让他们在历练中自主追寻、不断蜕变；鼓励孩子多去尝试，多去体验，而不是一边剪断了他们稚嫩的翅膀，又一边抱怨着他们不肯飞翔。

　　大自然是非常奇妙的，每一个生命的成长都充满了神奇与庄严，瓜熟蒂落，水到渠成。就像那只蝴蝶，一定得在蛹中经过痛苦的挣扎，一直得等到它的羽翅强壮了，才会破蛹而出；就像我们的孩子，一定需要去做、去体验，一直得在摸索实践中历练，才能真正成长。

　　想让他们飞，请先还他们一双自由的翅膀……

捣蛋大王变形记

从没想过，新班刚接手第一天孩子们立刻就给我来了个下马威，仅仅离开十几分钟开个临时小会，教室里已然炸开了锅。也难怪工作安排时领导曾特意打过招呼："全校有名的捣蛋大王在你那儿呢，他走到哪儿都能搅动一锅粥，尽最大努力试试吧！"

看到阴沉着脸走进教室的我，那些叽叽喳喳、左顾右盼的小家伙终于静了下来，唯有辉——那个让很多老师头痛的"大王"昂着头，似乎用满眼的不在乎宣告着：想发火尽管发，反正对我没有用！

果真不是盏省油的灯。每走到一个孩子身边，我都会稍稍驻足，小家伙们的头便会垂得更低。走过辉的身边，我却直接无视他的存在……

坐在办公桌前，细细回味我离开前孩子们的神情：一个个坐得端正笔直，认真听课。掠过辉的瞬间，发现他虽然没坐好，依旧昂着头，但已然没有了刚才的桀骜与挑衅，微微呆愣的神情中写着满满的不可思议。打开我的工作笔记，上面零乱地画着一些收集来的与辉有关的资料："搅动一锅粥"——这孩子应该蛮有领导力的吧！"喜欢收集一些乱七八糟的东西，还曾经自制过手电筒"——有头脑，善动手！"他乐意参与的事都能做得非常棒，就是固执倔强，视老师如天敌，总对着干"——果真个性十足……原就不那么整洁的纸页上因着我的边琢磨边点评更加乱糟糟了，但我的心绪却渐渐明朗，决定进行全新的大胆尝试。

一次卫生检查为我创造了时机："孩子们，昨天来检查的老师说大家课桌里的书和本摆得都不够整齐。"小家伙们纷纷低下头去查看。"但是，我发现咱班有个孩子的书整理得像砖头一样整齐，我建议大家都去看看辉整理的，顺便取取经！"我含笑的眼睛对上辉有些意外的表情，他很快带着一抹羞赧低下了头，又很快为大家演示着他的整理方法。一个小小的契机，孩子一丝愉悦、明亮、闪烁的眼神，让我欣喜于自己那份费了心思的尝试。而辉也真的没有让我失望：告诉这个同学方法，指导那个同学该怎样，不一会儿，孩子们的书桌里已是整整齐齐，而辉正指挥着一位同学清扫着座位底下并不起眼的小垃圾……

接下来的日子里，我开始如同对其他同学一般对待辉：课后走到他身边聊几句，他调皮时我也会顽皮地在他脑门儿上弹几个响，然后看着他无奈地摸着头，我会开心大笑；课上我也会板着脸用半嗔半怒的语气告诉他该做什么，该怎样做更好；知道他对历史故事感兴趣，我会不时和他交流或为他带来几本读物；更重要的是，我经常利用自己学过的心理学知识与他对话，想办法给予辉更多的肯定和正向引导，让孩子在不知不觉中愿意跟上我的脚步。

又一次自习课，我匆匆忙忙结束手头的工作奔向放心不下的教室，临近门口却听见熟悉的声音传来："凳子放桌上，你们靠边排好，我拖地时别走动，会踩脏。"是辉！见我进来，辉一手扶着拖把一手指着门外说："蕊脚上有泥，把地踩脏了，我让她出去把鞋底弄干净。"……

看着教室里的妥帖有序，我不由心头一暖：不觉间，小家伙已经懂得事事想在我的前头了。很快，辉就被推选为班级的纪律委员，即便有时教室里无人看管我也无须忧心，因为在一路的指引与陪伴中，辉早已成为我安放在教室里的那个神奇的遥控器。而我也愈加坚信：换一换教育方法，每个孩子都可以更精彩！

让批评"转个弯"

"老师，青的小饭勺又丢了！"不知从什么时候起，班上屡屡出现"丢勺子"的怪事，这在以前是未曾发生过的。

虽然面对的是一群有缺陷的孩子，但我这个班主任一直都非常注重生活自理能力的培养，孩子们保管好自己的东西自是不在话下。到底是哪儿出了问题呢？我决定好好地查一查。

"谁又把勺子弄丢了？站起来我看看！"我故意用比平时高了许多分贝的声音严厉地责问着，同时也用眼睛的余光关注着每一个孩子脸上的表情。丢了勺子的青老老实实地站了起来，这孩子一直都是我的小助手、小管家，断然是不会丢三落四的。再看看其他孩子，面对我无比严肃的表情，也都把头垂得低低的。可我还是发现了一丝异样，那个叫龙的男孩低下头的一瞬，眼神里分明写着一丝幸灾乐祸的得意。

龙是一个脑瘫的孩子，四肢不协调，口齿也不清晰，但头脑却比别的孩子都灵活。由于自己行动不利索，父母对他也几乎不闻不问，所以这孩子看起来永远是一副脏兮兮的样子，即便我这个班主任，也真心不愿靠他太近，总是带着几分客套的疏离。为了验证龙的那丝笑确实别有深意，我只好顺着心中的"剧本"继续演下去：先是严厉地批评了丢勺的孩子，然后非常无奈地告诉大家，老师买的备用勺子也都用完了，青中午没了勺子可怎么吃饭呢？最后我向同学们求助，看谁有多余的勺子愿意借给青用一下，我会在期末优秀评比中给他加上两颗星……同学们纷纷摇头表示没有。龙犹豫了一小会儿，终于举手告诉我，他包里好像还有一把。

"龙真是个乐于助人的好孩子，老师先谢谢你！"龙拿出勺子的那一瞬，我便看出勺子的式样和他平时用的有些不一样。为了不惊扰到他，一番表扬后我很快开始了正常的班级活动。

第四节是体育课，孩子们都在操场上活动。我趁机来到教室，用一把备用钥匙悄悄打开了龙的衣柜，堆积散乱又脏兮兮的衣服散发着异味。在柜子最底层的书包夹层中，好几把勺子被一条毛巾裹得严严实实。一切疑惑皆在这一瞬间找到了答案，而这答案却带给我更大的疑惑：孩子这样做的动机到底是什么呢？

与其他孩子相比，龙是聪明、敏感而自尊心极强的，那种聪明常用在与伙伴们打交道时耍的种种小心机上，那种敏感常体现在对我的察言观色中。每当我表扬别的同学忽略了他时，龙会一脸落寞；批评他人时，龙则掩饰不住脸上的得意……这孩子为什么要把别人的勺子拿走呢？作为一名几乎已被家长放弃的孩子，又被我这个"无心"的班主任残忍地忽略了，孩子是不是用这样一种失当的方式找寻着心理的平衡？其实，这个孩子分明有着一颗极度渴望被关注的心！

被忽略太久的童心显然已经有了伤痕，若我再来一顿狂风暴雨式的批评无异于雪上加霜。要恰当处理好这起"丢勺子"事件，我还真得适当地转个弯。

"孩子们，最近咱们班丢东西的事儿时有发生，老师也天天找得头痛，我决定选一名生活班长来帮忙监督大家管理好自己的物品。我发现龙是咱们班最会看管东西的人，因此我决定由龙来担任生活班长，大家同意吗？"临放学前，我走进教室宣布了这个决定。"同意！"在一阵热烈的掌声中，龙这个生活班长就走马上任了。对这个小班长，我自然免不了一番叮嘱：一定要监督同学们打理好生活，管好学习生活用品，发现班上丢东西一定及时帮老师找寻，生活班长得努力做好老师的助手、同学的表率……

转了个弯的效果还真是不一样：在龙的监督下，孩子们的自理自律能力增强了；那些丢掉的勺子没过多久，也在生活班长的帮助下很顺利地被"找到了"；得到了更多关注与肯定的龙也越来越讲卫生，与伙伴们的关系越来越亲密了。我更是成功地收获了一个非常得力的小助手！

找准契机，化干戈为玉帛

"千万要把博和文这两个'冤家'远远地隔开，还要多盯着点，不然这个班你可就没法子带了，千万！"新学期伊始，当看到我正对着学生花名册一个个地"研究"时，邻桌的张老师瞟了一眼，立马郑重其事地送上了这句忠告。

从她的口中我才知道，这两个特殊的孩子仿佛生来就是冤家对头，在一个班里朝夕相处了三四年了，冲突却从来不曾间断，甚至竟演变成了人前人后都只以绰号称呼对方以示自己内心深度的不喜与不屑——文称博为"那头大象"，博叫文"一只瘦猴"。为避免矛盾不断升级、不停激化，老师们多是采用了隔离之法：有活动时避免让他们分在一组，教室排位也是想方设法让他们能离多远就离多远。

分开、隔离，固然能够避免因接触而再次激发矛盾，却显然治标而不治本；死防、严盯，或许确实可以减少冲突发生的概率，但绝对是一个劳心费神却效率低下的主意。要化解这根深蒂固的矛盾，既要寻得源头，又得找准时机。

既探问了教过这个班的所有老师，也旁敲侧击地从当事人、从同班同学口中套来了些讯息，细细一捋，对事情的来龙去脉便有了些眉目：原来，这两位同学都是同时从普通学校转入特校的，入校第一天，人高马大的博在教室门口不小心撞倒了伶仃瘦小的文，两人有了肢体和言语上的冲突，第一次碰面所产生的不和谐音符便很难被消融；后来，在每一次的班级考试中，两个人又凭着比其他同学稍好一些的智力程度，总是轮番地占据班级学习的榜首，也成了课任老师们你方赞罢我登场的表扬对象，于是，竞争关系在博和文之间愈演愈烈。

这样的矛盾存在，"堵"肯定不是良方，唯有想方设法地去疏，去引，才可能真正化解。于是，我决定逆大多数人之道而行，把这两个一对接就可能引燃的孩子又"凑"在了一起——两个人前后桌，分在同一个小组里。

"你一面在班里威严地强调着友爱、和谐之道，一面又把博和文往一块拽，这是唱的哪一出呀？"课任老师们很是费解。但我却有着自己的考量：唯有让他们凑聚起来，我才可能找到一些转化矛盾的契机。

契机一：巧妙造势，打下合作的基础

那是一节语文课，在学习完了比喻句后，我让孩子们用"……像……一样"的句式来说句子，话音刚落，博低低的不屑声就传了过来："有的人长得像猴子一样。"孩子们瞬间哄笑起来，而文满面怒色，一副风雨欲来的待发之势。

我连忙接过了话："如果谁能像猴子一样灵巧，那可真是了不得了。过几天咱们要去后面的果园里摘苹果，我倒巴不得有个小猴来帮忙！"见我的话锋对自己有利，文的情绪很快就平和了下来，也如班上其他孩子那样，围着我打听"摘苹果"的事。

"这次苹果园里的采摘之事由咱们七年级负责，考虑到学校提供的果筐太大，摘满后一个人根本提不动，老师决定把同学们分成两两一组，哪个组最后摘到的苹果多，杨老师要请那个组——吃饭，你们都看过我每天带的那些美食了吧，至今我还没有舍得给哪一个老师尝过呢！"我夸张地卖着关子，孩子们立马欢声一片。

于是，我本着力气大小搭配、个子高矮合作的原则，为孩子们分了组。毫无疑问，博和文自然分到一块儿了，也都不约而同地提出了抗议，一个嫌对方肥胖笨拙，一个怨同伴身短力小。

"老师这样分配可是很公平的，同学们看看，每个组是不是基本达到了势均力敌？"我连忙向其他孩子求助，得到肯定后，我追补了一句："大小搭配，才是天作之合呢，书上都那么写着呢，不信，你们听听这个故事！"

打开手机，我快速搜索到了《狮子和老鼠》的故事并播放给孩子们听：小老鼠外出觅食时，被一头路过的狮子救了出来，小老鼠非常感激并再三表示以后要报答。狮子感到非常好笑，觉得一只小小的耗子怎么可能会帮上自己的什么忙呢。几天后，狮子掉进了猎人埋伏的捕兽网里，它再怎么挣扎吼叫都无济于事，小老鼠听到了连忙赶了过来，用牙齿把网咬了个大窟窿，狮子得救了。

"狮子和小老鼠都可以互帮互助，更何况你们俩一个这么高大壮实、一个如此机巧灵敏的孩子呢，杨老师可是看好你们的。"我笑着归结。两个小家伙虽不吭声，但剑拔弩张的气势经过这番折腾已经消退了不少。

苹果园里，低处的果子已经采摘得差不多，稍高些的够起来又很麻烦，这些被禁止爬树的孩子围着果树一筹莫展。"抱着你的同伴去够高处的呀，我们小时候可是这么干的。"我分享着自己的心得。同学们纷纷尝试，博和文呢，你看着我，我看着你，谁都不肯动。"一组同学配合得真默契，这一会又比别人多摘了小半筐。虹，你小心点，别把你同桌压趴下了。"我忙着"煽风点火"。也不知是谁先迈出了那生涩的一步，等同学们回过神时，高壮的博已经把瘦小的文擎得老高，文边忙活着边指挥："往左一点，再挪一点，就快够到了……"

在这样的活动中，两个人有没有赢得劳动奖励早已不再重要，重要的是，他们开始有了步调一致的行动，开始有了彼此间的配合。我相信，这才是化解干戈的关键一步。

契机二：小题大做，拨动心灵的谱弦

心里向来藏不住什么话的子怡大清早委屈巴巴地来诉苦。"孩子，慢慢说，看看老师和同学们能不能帮上你的忙。"听到她嘟嘟囔囔了一番后，我这样建议。当着我和全班同学的面，她再一次表达了自己的愤怒和委屈："弟弟太讨厌了，我早上吃饭的时候他总是捣乱，我批评他，他还骂我，后来我们俩就动手打起来了，我永远也不理他了！"

"哦，原来是子怡和弟弟打架了，同学们有没有什么解决的好办法呢？"我把"砖"抛给了班上的孩子们，他们七嘴八舌地出了好一通主意，有的建议"让他一下"，有的建议"和弟弟说理"，有的建议"请爸爸妈妈出招"，我却只是听而不语。"杨老师，杨老师，哪个主意好呀，你怎么什么都不说呢？"孩子们议论够了，纷纷把目光转向了我。"容我想想，明天我再告诉你们答案吧！"

第二天一早，我问子怡："和弟弟还是不说话吗？""说了说了，我一回家，弟弟就说好想我，我们就和好了。""是不是打过一架后，和弟弟关系更亲密了呢？"子怡有些不好意思地点了点头。我笑着说："同学们，这就是杨老师想给大家的答案，不论是兄弟姐妹之间，还是同学之间，都可能因为一句话、一件事发生不愉快，就像锅碗瓢盆一样说不定什么时候就会碰撞一下，但这肯定不会影响彼此之间的感情，说不定还能增进了解，促进沟通呢，我可听说'打打更亲密'呢！"

孩子们被"打打更亲密"逗笑了。我立马绷住了脸："这不是开玩笑，我可以用事实说话的。"于是，这个清晨，我以回忆的模式，颇为动情地向孩子们分享了我的两段经历：

"读初中时，我和后桌的一位男生互相看对方不顺眼，于是，我们常常一言不合就大打出手，虽然老师是个女孩子，但一和那家伙打架，我还真没输过。"孩子们一听老师身上居然有料可挖，瞬时都兴奋了起来，全部精力都集中到了我的讲述中。"那时候总以为他是我这辈子最讨厌的人，可随着自己升学工作，每每遇到了麻烦，反倒是我那位同学一次又一次地出手帮忙。看，这本书就是他从深圳帮我淘来的呢。"我扬了扬桌子上自己珍爱的那本书。

"上中专时，我和同桌打架，连续一周没理对方。后来有一次，我初中一位同学去找我玩，没找到我，正好碰到了我同桌，于是我同桌领着她去找我，还气鼓鼓地说'杨雪梅，有人找你'。送走同学后，我找到同桌说'那天谢谢你哈'，结果她一下子就哭了鼻子，说：'你这个没良心的，你都9天没和我说过话了……'孩子们，看看你的身边，有没有像老师这样的故事，有没有像老师的同学那样的伙伴，你们打着，吵着，却又在意着对方？"我引导着。

学生们顺着这条线，回顾了自己的经历，也有的人把博和文的例子举了出来："你们两个也是非常好的搭档，上次采摘，没有人比你们两个配合得更好了。""对呀，你们俩学习上也是齐头并进，一直是班上的骄傲呢！"……那一刻，我看到了闪烁在两个孩子眼中的泪光；我也听见了心冰融化的声音。

同在一个班级里，孩子们之间的磕磕碰碰在所难免。当矛盾发生时，作为班主任的我们是息事宁人还是借势化人，可能就会促成截然不同的成长走向。智慧的班主任，一定得是个善借势、会造势的巧手，用自己的敏慧化干戈为玉帛，变羁绊为牵连，于心灵之桥上谱写一曲令彼此相和相应的成长乐章。

用心灵的磁场去回应成长的诉求

初入教育职场时,不懂得育人是一门艺术,师范教科书里没有,老师上课也不曾讲过。在我的认知里,自己与学生就是教与被教、管与被管、我说你听的对立关系。

所有的无知和未知都无一例外地在生活的现实中碰了壁:对某个学生肯定的同时却无意打压了一片——"你们什么时候能……";对个体错误批评的同时常有池鱼一并遭殃——"你,还有你,从来都不让人省心!";对孩子们的异常之举只会凭着所见为真的本能认知机械处理,从来没向内里深里去探查过动因……

好在,经历就是一本最生动鲜活的教科书,翻得多了,触动就多,思考就多。在不断地反思修正中,我尝试着用心灵的磁场去接收学生发出的各种信号,更学会了用巧妙的弹拨去奏响那曼妙的师生相和之音。

一

课间的走廊里,一个小男孩在办公室门前来来回回地不知道走了多少趟。

"辰这个孩子就是毛病多,你们看他在门外一趟又一趟探头探脑的,老师在干什么他都想看看!"都发现了男孩的异常,一位老师率先开了口。

"是呀,我去上课的时候他除了不能老老实实地坐着听讲,别的什么事都能干,惹惹这个,碰碰那个,不安分得很。""你们瞧他身上的衣服，什么时候干净整洁过？不是老师没有爱心，像这样打着灯笼都找不出优点的学生怎么去爱？""没脸没皮的，哪个老师的话也不听，还有偷东西的坏毛病！"大家七嘴八舌，越数落，这个孩子就越发地不堪。"他又往办公室里探头探脑，我去问问他到底……"

好在，我的反应快了一步。"我来吧！我想，今天他应该不是鬼头鬼脑地看我们在干什么，应该是更希望我们能看到他！"

"辰，"走出门外，带着笑，我叫住了男孩。"今天穿这身衣服真精神，妈妈新买的吗？"得到了肯定的答复后，我又反得点着头打量着："小家伙，长大了呢，帅气十足！"看到孩子眼里有些羞赧与喜悦的光芒在闪动，我知道这几句话已经触拨了他的那根心灵之弦。"快上课了，回教室吧！杨老师还发现你最近上课听讲也特别专注，了不起的小伙子，有进步！"拍拍他的肩，示意孩子回到教室去。

下午去上课，辰端端正正地坐在位子上，全无往常的随意放肆之态。中间偶有小动作，可一旦与我含着笑的目光有了交汇碰触，他立马就恢复到学习状态。

孩子的成长多么奇妙，他们表达渴求的方式又是多么特别。有时候，看到孩子哪怕是微小的变化，就是对心灵呼喊最好的回应与关照！

二

学校运动会的观众席里，小蕊嘴里叨叨咕咕地停不下来。"你闭嘴！"在学校里陪读的妈妈一次又一次地呵斥，但一点儿用也没有。

"第一名小辰，第二名小新，第三名……"当发现我在看她时，小蕊的音量不由自主地高了几分。"杨老师，杨老师，你说这些运动员是不是很棒？""小蕊说得对，赛场上用自己的拼搏争得荣誉，当然很棒！不过……"突然意识到眼前的这个孩子四肢极不灵便，是永远都不会有机会走到赛场上去的，我连忙调转了话锋："能为别人的努力加油喝彩的人，也同样了不起！"

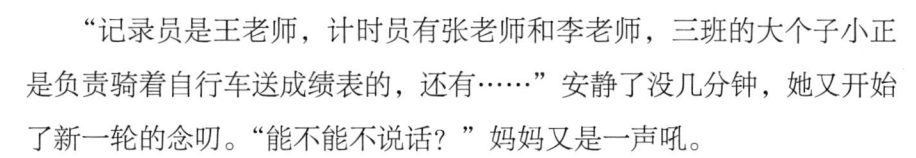

"记录员是王老师，计时员有张老师和李老师，三班的大个子小正是负责骑着自行车送成绩表的，还有……"安静了没几分钟，她又开始了新一轮的念叨。"能不能不说话？"妈妈又是一声吼。

"请17号、23号、27号、31号选手到跳远场，请17号、23号……""闭嘴！"家长的目光都落在了小蕊身上，妈妈以更加严厉的态度来制止。好像安静了下来，可我侧着耳朵，还是能听到那若有若无的念叨声。妈妈的招数，治标，却并不治本。

快速到跑步赛场终点和同事们做了番交涉，又快速返了回来。"小蕊，今天的运动会可不可以邀请你做一名终点裁判员？"我气喘吁吁，"你的任务就是坐在凳子上扯线，当对面的另一位老师告诉你扯的时候，你就拉起来。当然了，如果看清楚哪个同学是第一名，第二名，你也可以大声地喊出来，便于老师记录！"

一听这话，孩子的眼睛倏地一下亮了起来。我连忙示意她的妈妈，跟孩子一起去，也可以顺便讲一讲规则。

之所以大费周章如此安排，自有我的理由。从小蕊的不停唠叨声中，我听出了弦外之音："那么多同学在赛场上比赛，那么多老师在为比赛忙碌，还有的同学能当老师的小助手……那我呢？"她很失落，失落于现场中没有自我的存在；她很期待，期待着能让大家看到她的参与；她渴望证明，证明着自己的可能与能力。会"听话"的老师，自然知道该如何与孩子共鸣，该怎么为心灵找到妥善的安排。

让自己的耳朵竖起来，将心灵的敏锐调出来，如此为师，才能把薄薄的知识教厚，把残缺的肢体教"活"。

真正的教育是什么？这是一道玄幻而深奥的谜题，既无解又多解！但多年的育人实践这样告诉我，我也愿意这样与所有的同行分享——教育，唯有真正撼动了心灵，才会发生化学反应；师生，唯有情感上发生了共鸣，才能彼此成全成就。这其中，最美妙的成就，莫过于以师心的磁场及时感知到幼小心灵发出的种种诉求！

绕一些弯儿，帮友谊的小船找到平衡的法则

向来开朗活泼的颖最近明显情绪低落，就连参加她一向最感兴趣的漫画社团活动，也提不起神来。一番探查下来，问题的症结似乎找到了眉目：原来与颖形影不离的彤近日有了"新欢"，一下课就跑出教室与隔壁班的一位女生聊得火热。

青春半大的孩子，正处于心灵发育的敏感时期，边界意识有时清晰得过度，占有欲又强烈得过分。这种因好友疏远而导致的不适与失落可以被理解，但关于"朋友"二字的认定、对友谊界限的理解这一课，我却必须为她好好地上一上。

中午，趁着颖到办公室送作业的空当儿，我拉着她"炫"起了颇费心力寻来的船模。"这小船精致吧……来来来，帮个忙，我很好奇这只船的浮力到底有多大，咱往上头装点'货物'试试？"

物理老师的办公桌上"正好"有一盒排排坐的砝码，被我拿来当了实验器具，一个一个地往船身上堆摞着。"哎，哎呀教师，这样可不行，你这样不对，没法……"话还没容她说完，漂在一大盆水中的小小船模已经翻了个底朝天。堆放砝码时，我故意偏在了靠自己近的这一边，不翻才怪！

"明明是我们师生间友谊的小船，怎么能说翻就翻呢？"故意地，我的语气中夹着娇嗔，带着郁闷，还刻意加重了"友谊"二字的语气。"你都堆在了一边，这边压力太大了，不翻才怪！"颖也一本正经地指出了我的失误。

"孩子，前几天老师在网上发现了一系列漫画，名字就叫《友谊的小船说翻就翻》，想不想看？"我这非常明显的投其所好、送画入"怀"的态度，就没给她留下什么拒绝的余地。"那就看看吧！"颖虽稍有犹豫，但还是凑到了电脑前。"乘坐在友谊之船的两个好朋友，如果有一方变瘦，友谊的小船说翻就翻哦！"我一字一顿地读着，"哎，你说，这么快就翻了的能不能算是真正的友谊？""肯定不能！"她很肯定。"帮老师分析分析，一方变瘦了友谊就翻船了，这会是什么心理因素在作祟？"我追问着，往关键的那个节点上引导。"应该是嫉妒吧，女孩子都以瘦为美，胖的那人可能就觉得心理不平衡了。"颖的透彻分析出乎我的意料。"有道理，老师也有类似的烦恼，能不能帮我平衡友情支个招？"

为了上好这节"课"，我其实还是做了充足准备的。颖和彤是从小一起长大的玩伴，升入初中后，特别是这个学期，因为参加学校的经典诵读比赛，颖便结识了和自己有很多相同兴趣爱好的邻班的楠。看到两个人的友谊中突然多出来一个"第三者"，颖的内心便很不是滋味，耍了些女孩子的小手段非但没能追回"失地"，还因惹恼了彤令两个之间的关系更加疏远了。今天，看似是在请颖为我这个班主任老师支着儿，其实是变了种方式想帮助她找到自我救赎之法。

"努力想开点呗，朋友不是我们的私有财产，也是有自由的人……真正的友谊是与别的东西没有关系的，只是两个人之间相处比较舒服自在而已……"孩子的寻解能力还挺强。"是呀，人的内心有时候就是特别容易失衡，看到朋友哪些方面比我出色了，会泛酸，看到朋友和谁走得近了，会失落，看到朋友被别人追捧着，会不甘。其实，如果能换一个角度想一想，每个人的世界都有无限多的遇见，当朋友收获了更多的友谊，可能意味着自己的友情圈在扩大；当朋友在成长在进步，自己也有了努力的目标和追赶的朝向，这该是多么美好的事情呀，你说对吧，颖？真正的朋友就是可以一起经历，可以一起分享，还可以共同承担，与相伴的时间和相守的空间都无关！"

  颖点了点头，又似乎若有似无地长舒了一口气。选了几首由不同歌手演唱的同题歌曲《朋友》，关于友谊的体悟，各有各的曲调和表达，我相信，总有那么一句词或几阶音符，可以飘进孩子的耳朵里，也能够润泽到年轻的、成长的那颗心灵。

  一个成长哲理，被告知被给予的，那是直线；而亲身体验的或用脚步丈量的，则是曲线。外力的告知或给予，虽然直接，却永远还有更长、更曲折、更复杂的路要去经历；而自己走到的，自己找出来的，也永远都不是直路，而是会转几个弯儿。帮青春期的友谊小船找到平衡的法则，我们不妨也绕一些弯儿！

一言一语总关情

近日，清理邮箱时一封历时久远的来信再次映入眼帘，熟悉的话语令人心头瞬时一暖。于是，我连忙收回了按在鼠标上打算点击删除的那只手，小心翼翼！

这是三年前一位教育编辑的来信："杨老师，很抱歉我们杂志不能发表诗歌体裁的文章，但仔细阅读了您的作品，觉得文笔细腻，感情真挚，更期待着可以读到的叙事类文章！"那时，自己从来没有尝试过写东西，只是一次机缘巧合，将为迎接跨年联欢会拼凑的朗诵词投到了他的邮箱，抱了颗石沉大海的心。没想到，编辑不但认真读了，还及时予我以回应。那简短的一句话，犹如冬日里的几缕阳光，散发着直击心灵的煦暖温度。于是，我决定拿起笔来试一试。

真的，人生的际遇就是这么妙不可言！几年后的今天，我已经用数百篇的教育文章将自己送上了各大报刊的版面，用写的方式救赎着身处特教的荒芜中无所适从的灵魂，成就着自己独特的教育思考。从某种意义上来说，正是一句话——一位陌生编辑回应我的那句话，照亮了我成长的路，点燃了我前所未有的教育热情。

一句话，躺在冰冷的邮箱里。可不论何时翻阅，话语中都透露着温暖人心的力量。时光飞速流转，那温度却从来未曾改变！自己的教育生活中，是否也有过那样的一句话，向稚弱的成长心灵播撒过阳光呢？

沿着记忆之旅，我小心回顾，细细搜寻。

一

活动课,一阵急促的脚步声由远及近。"老师,您快去看看,宁在操场上像头固执的小牛一样,可把体育老师气坏了!"班长上气不接下气地报告着。

边起身走向操场,边从班长的口中了解了事情的来龙去脉:宁课间闲来无事,在自己的头顶上密密麻麻扎了几十条小辫子。头发本来就很短,小辫子一扎起来条条冲天,再配上她那圆乎乎的脸蛋儿,看起来要多滑稽有多滑稽。体育课上,雷人的造型自然把老师吓了一跳,老师批评她像个小妖怪,让她赶快把小辫子都解开。谁知道小家伙拗脾气上来了,气鼓鼓地瞪着老师,既不吭声,又不肯解开头发。老师催得急了,她还索性坐到地上死活不起来……

"和这群特殊的孩子打交道,本来就是件劳心费神的事儿。偏偏,宁又是其中最犟的。一言不合的话,这件事我这个班主任可能也收不了场呀。"一路上,我脑子里飞速运转。突然,在脑海中一闪念,不如就这样试试?

操场边,许是被熊孩子的执拗磨得实在没了脾气,老师已经换了种比较温婉的口气:"你把小辫儿解开,把头发梳好,老师明天给你带好吃的……"宁依旧倔强地摇着头瞪着眼,丝毫不为所动。我的到来,让体育老师长长舒了口气:"你们班的'活宝儿',你自己拿去管吧!"

上上下下打量着宁那怪异的发型,强忍住自己深感滑稽的笑意,我开了口:"小丫头,是不是看高年级的大姐姐们梳着辫子很漂亮,你也想扎辫子呀?""嗯!杨老师不也扎着辫子嘛。"孩子非常肯定地点了点头。"杨老师也觉得你这圆圆的苹果脸儿如果扎个马尾辫会更好看。"看着宁渐渐松缓的神情,我含笑说道:"太短的头发并不适合扎起来,让我们一起等待它变长好吗?现在这样并不怎么好看,快跟老师回去把头发梳好,精精神神地回来上课!"眼里写着的毋庸置疑,让孩子麻利地跟上了我返回教室的脚步。

"你今天对体育老师的态度我非常生气,我不希望同样的事情再发生!……"我边和宁一起解决着满头的冲天小辫,边严肃地表明自己的不满。"好的,杨老师,我再也不会那么没礼貌了,你别生气好吗?"无视我板起的面孔,孩子仰起一脸的童真,对我细语甜甜。随着自己脸上笑容的再现,有一种无声的讯息正将我和这个特别的孩子紧密连在一起,情真且意浓!

细细思量,我想,大部分人在面对孩子的问题时都会冲动地让批评脱口而出,结果往往是彼此僵持、彼此伤害。若能将思维逆转,先让自己做回孩子,先理性地站在孩子的立场上看问题、想问题,先用恰切的语言肯定孩子行为中向善向美的一面,然后再对错误进行批评指正,效果就会大不一样。

是的,去往操场的路上,我想起了那些富有温度的言语,别人予我的又或者我曾经无意间送给一个孩子的。一语入心,宁的偏执就在这流入心田直击本源的话语中慢慢瓦解,慢慢消散。

二

课堂上,当视线扫到龙那里时,我突然敏锐地捕捉到这个孩子不同于寻常的表现:只见他拿着一只几乎已折叠好的千纸鹤,边修整着造型边用探寻的眼神不时朝我顾盼。记得昨天傍晚,班上有好几个孩子远远地招呼着我:"杨老师,这是给您的礼物!"原来,手工课上,他们刚刚学会折千纸鹤,单纯的孩子们便迫不及待地把这第一份"大礼"与我分享,然后又在我的微笑与肯定中仰起满面阳光蹦跳着离去。

此时此刻,大家都为接下来的活动做着准备工作,按说,在我面前一直都妥妥帖帖的龙断不会心不在焉。孩子今时不同于往日的表现肯定别有深意,我边轻踱脚步边快速思忖着……

"龙,这么漂亮的纸鹤是不是要送给杨老师做礼物呢?"带着半是玩笑半是认真的口吻，我很快驻足于孩子身边。"我还没做好呢！"龙闷声闷气地嘟囔着，脸上瞬间飞过一抹微红。心头暗自一喜，别看孩子嘟囔的话不那么动听，但我知道，那已经是他最善意、最愉悦的表达了！

在我的班级里，龙无疑是最难掌控的那个孩子。他是运动场上的健将，也是劳动课里的好手，愿意的时候，所有的事都能做得非常出色，不喜欢时，就是十头牛都拉不动。很多课任老师都为摸不透他的心思、驾驭不了这头"犟牛"而大感神伤。

孩子拿起纸鹤希望引起我注意的刹那，我已经捕捉到了他的小心思：想把纸鹤送给我，却说不出口。我感动于孩子心中有那么重要的自己一直存在，也感慨着，若是不曾读懂顾盼间无声的话语，被遗漏的目光中又该写着这个不善表达的孩子多少落寞呢？

第二天，我早早就进了教室。"龙，杨老师的礼物呢，我都等不及了！"站在讲台前，我大声地嚷着。只见龙连忙从课桌内取出那只千纸鹤，小跑着送到我的手上，显然，那礼物业已"恭候"我多时。离开教室时，我分明瞥见龙的脸上掩不住的缕缕笑意……

言语间，我在"索要"着一份礼物，更是在小心呵护着一个特殊孩子稚弱的心灵。这份索要与呵护，源自我敏锐的洞察，亦源自我对曾经那些有心或无意的某句话生发出的神奇反应的回望与追溯。

语言是架展延机，拉长的是我们的感情。一语不足道，但添了灵动，教育中便多了份洞察与体恤之暖，少了些刻板与僵硬之涩！

一言，一语，携了温度，方显深情；一语，一言，带了智慧，才有力量。我愿意走在教育生命的两旁，随时撒下温情之种，随时守望花儿绽开，将这一径长途，点缀得花香弥漫。

孩子，成长的体己话老师这样与你说

我是一名特殊教育学校的班主任。在外人看来，最令我头疼的无非是孩子们近乎油盐不进的学习状态和吃喝拉撒睡等繁杂的生活琐屑。但现实并非如此，八九个人规规矩矩的小班级走着走着就会被一段段猝不及防的时光搞得兵荒马乱，怎么按都沉稳不下去——那段时光的名字，叫作青春期。

真的，智力缺损、心灵稚弱是众人了解中的特殊孩子典型的发展特征，可这并不意味着他们的身体成长也一并搁浅了。事实上，当孩子身心发展与机体发育相匹配时，青春期的成长引领工作只要花点心思就不会出什么大问题；可一旦心智的成熟度被生理发育的速度远远地甩到后面，许多老师会觉得除了"严看死防别出什么事儿"外，便再也无从下手了。

可我深知，大禹治水，"疏"是关键；青春期引领，"引"才是正道。因此，在孩子们成长到四五年级时（特校孩子的入学年龄普遍比普通学校晚两年左右），我会分外留心他们的一举一动，以防患于未然的抢先之举做好智力落后学生的青春期成长疏导工作。

女孩，我悄悄对你说

不知不觉，班上的女生率先有了微妙的小变化。"老师，你好呀！""×老师。"看到学校里最年轻帅气的或最有亲和力的男老师远远地走过来，有的小姑娘便扯着自己的衣角定在原地，满脸含羞带笑地问候着，这和小时候看见喜欢的老师就大喊大叫可是截然不同，我知道，青春萌动，被异性所吸引的种子已经悄然发芽了；有的女生习惯用宽大厚重的衣服把自己紧紧地包裹起来，我明白，她还没有适应自己身体突如其来的变化；也有的女生开始把自己显得肥胖的身体生生地塞进紧身裙子或细滑的丝袜里，怪异造型惹得众人纷纷投来异样的目光，我懂得，这颗已然苏醒的心是渴望着别人的肯定和关注的；还有人坐在教室却心神不宁，躲闪的眼神里仿佛满藏着各种小秘密，我想她闭锁的心门一直在等待着有人去开解或撬动。

每个女孩"青春"展现的姿态都不同，每段"青春"需要班主任去牵手引领的方法肯定也会不一样。但无论面对着什么样的成长个体，无论采用什么样的化解之道，我都会告诉自己"你要轻轻的"，因为一颗处在特殊时期的心就如同荷叶上的那滴露珠，一不留神便会滚落破碎。邻班的杰因为在头上戴了朵大红花上学校惹得一干老师窃笑不已——"真像个媒婆呀！"后来班主任说："杰不知什么原因耍小脾气，死活不爱上学了。"不知道老师们有没有想过：当初那些不恰切的表情和议论，很可能造就了一颗畏惧而失去自信的青春的心。我们班的小蕊因为不分场合地追着某位老师请他看自己的画儿，忙碌的老师不耐烦地喊了句："你快回自己班去！"从那以后，再也没有听她念叨起那位她一直喜欢的老师。如果当初能有句平和的回答："老师有点忙，有时间再看，你先回去吧！"结果肯定也大不一样。

"孩子，打招呼的时候大大方方就好，好女孩都是这样的！"我轻轻地叮嘱着。"老师知道你身体有了变化，满脸还长了痘痘，觉得自己真难看，所以恨不得把整个人都包起来。偷偷告诉你吧，我小时候整个脸都是坑坑洼洼的，还胖得不得了，都不想见人了。后来，老师告诉我，每个人在这个年纪身体都会有一些变化，如果把自己整个人都捂起来，才真的会让别人都想来看你呢！"我悄悄地分享着。"你看，杨老师从来不会冬天穿那么薄的丝袜，穿衣服要和天气季节相宜才好看呢！你觉得老师穿的衣服好看吗？那我来教你好不好？"我细细地引导着。

"有什么事让你不开心了，你是愿意和老师说说呢，还是愿意去后面的健身场上玩一会解解闷？"我小心地探寻着。

我断不会长篇累牍地大开一通班会或大讲一通道理，因为对于我这班特殊的孩子们来说，她们理解不了那么高深的道理，但一定很愿意接受老师善意的叮咛呵护；我也绝不会用严防死守厉声呵斥的老套来解决问题，因为孩子们对他人态度的感知能力还是相当敏锐的，一旦把孩子推到成长的对立面，班主任就再也走不进她们的内心。

亲爱的女孩们，老师一直在密切捕捉着你们青春的微妙变化，然后再悄悄地交流心声，静静地守望成长。

男生，我大声对你说

还没把女生青春期那根成长之线理顺，原本在我眼里还是淘气包的小男孩也不知不觉发生了变化：说话半哑着嗓子，原本常规的交流不知什么时候就变得阴阳怪气，有的还没张口就先扭扭捏捏脸红起来，有的一点不痛快就闹翻了教室，有的家伙总凑到女生跟前觍着脸让人恨得牙根痒痒，更有奇葩的男孩上课时将手伸进自己裤子里……继续和风细雨式地牵着引着吗？肯定不行，有的学生曾经在校园里闹出"我一定要娶××老师"的笑话，在他特殊的世界里，哪里懂得什么纲常伦理，温柔的女老师就美丽，美丽的女子就要娶了做媳妇；继续用南风式的温暖来化解青春期的冰冻吗？也行不通，我发现很多班主任对男孩子确实足够温柔、足够耐心，但在那种环境中浸泡出来的男孩说话都细声细语的，生怕惊了别人，全然没有男生该有的样子；看到不良行为时厉声呵斥或狠狠地批评吗？学校里可没少发生因为遭遇批评指责而情绪失控打碎窗玻璃或爬上窗台想跳下楼去的事例。毫无疑问，一位特殊教育学校的女班主任在面对青春期的男生时着实不易，有太多尴尬麻烦的问题要去审慎处理，有太多担惊受怕的事情得小心翼翼，有太多哭笑不得的瞬间足够烦人扰人。更令人头疼的是，大部分特殊孩子的背后都有着指望不上的家长群体：我能指望一直希望我把他儿子也培养成老师的父母来协助我做好学生的青春期教育工作吗？我能要求一个思维意识还不如自己孩子的家长去帮助关注学生青春期的躁动和逆反吗？我能奢求一个连挣口饭吃都有难度的单身父亲或母亲抽点时间和精力去指导孩子吗？我唯一能做的，就是一方面保证用恰切的姿态面对这些成长中满是迷茫的男生，一方面为他们的成长竖起一面标杆性的旗帜。

在面对男孩子们的成长时，我这个班主任还是希望培养出有些阳刚之气的学生。因此，在日常的交流中，我予他们真诚的教导但也是干脆得掷地有声；休息放松时，我会不怒而威地和他们开开玩笑，让他们喜欢我又对我怀有敬畏之心。同时，我还充分利用了全校学生都很喜欢某一位男教师的心理，为我们班男生的成长树立了一个触手可及的榜样人物。在专门为男生准备的小讨论会上，我问大家："都喜欢王老师吗？"他们齐刷刷地举起了手。"杨老师也特别欣赏王老师，他不怕累不怕苦，能控制自己，有担当，是一个标准的男子汉，所以全校的老师和学生都这么喜欢他。"当学生们的情绪被调动起来后，我就势给他们鼓了鼓劲——都学做王老师那样的男子汉，行为得体，有风度，不做出让人讨厌的行为。当学生们一出现不太恰当的行为时，我立刻大声问他们："王老师会不会这样做？王老师是怎样做的呢？"虽然"选择成长榜样"是一个在别人看起来滥透了的管理办法，但对于年龄幼小的孩子特别管用。我们的孩子特殊，智商只是停留在四五岁的光景，所以这一招也收效明显。为了帮助青春期的孩子们保持正确的行事方式和行为习惯，我专门邀请了这位王老师担任我们班男生的成长导师。当发现孩子们表现得比较好或者有些不良言行能够控制后，这位导师会配合我及时地给孩子们肯定和奖励。另外，当涉及一些生理相关知识，我这个女班主任不便指导时，王老师也会是我最佳的援兵。

我是一群特殊孩子的班主任，面对着一个个鲜活却繁复的成长故事，我的选择是量身而定，用最体己的方式引领"青春"明媚地成长。

寻"不求"之因　撷"进取"之果

记得《伊索寓言》中有这样一则故事：狐狸走过一个果园，看到了一大串熟透而多汁的葡萄。狐狸想："我正口渴呢。"于是他后退了几步，向前一冲，跳起来，却无法够到葡萄。狐狸后退又试，一次、两次、三次，但是都没有得到葡萄。历经了一次又一次失败后，狐狸只好昂着头，不屑地说："这葡萄肯定是酸的！"这倒让我想起了教育，那些所谓"不求上进"的孩子是不是也从来没有品尝过"进取"这枚果子的甜美呢？于是，在一次次努力尝试却又一次次无法触及的失败后，便有了潜意识里错误的自我暗示：前面的那枚果子没有什么大不了的，我才不要白费力气……

为人师者，我们能做的就是尽力察觉孩子成长中那些令身心消极的"因"，尽己所能赠予他一枚可以触摸在手、品味在口的甘甜之"果"，让心灵的种子慢慢复苏、慢慢萌生出希望的绿意。

创造时机，让"果子"离得再近些

对于那些看起来"不求进取"的孩子，我更愿意多一些心灵的关注：我说的哪句话让孩子的表情产生了微妙变化，我倡导的哪件事似乎对一颗心有了些许触动，我什么样的表述让孩子看起来没有那样漠然……这些细微的洞察将是下一步有针对性行动的突破口，我会从这"口"中衍生出一些活动，牵引到孩子的嘴边，让他们只要站起来就可以达到预设目标体验成功，只要伸伸手，就能触到肯定与赞许之"果"，在浑然不觉的轻松中亲自尝一尝"果子的甜"。

捕捉到宇的异于寻常是缘于一个课间同事手里拿了个魔方路过我的教室,这个对什么事都意兴索然的孩子抬了好几次眼皮从同事手中扫过。微小的变化令我的心怦然一动,顺势将魔方截留并仔细研究了起来。我的"笨手笨脚"自然是百转不得其法,邀请了几个来尝试的孩子也都以失败告终,看着宇低了又抬、抬了又低的头以及小脸上显露的几分焦躁,有种直觉清晰浮现——"我一直在等的机会可能真的来了!"

不顾上课铃声早已响起,也不去管课表上排了些什么内容,索性关起门来让孩子们逐一尝试。轮到宇时,他果然三下五除二就将六个面排列得齐齐整整。我惊诧赞赏的表情自然也引得班上孩子们的一片夸赞声、羡慕声。"这么有难度的事你是怎么做到的?身边还从没有人能把六个面全排列上,我一直以为那是电视里才有的事,快教教我们!"真心的求教声也将其他不安分的小家伙们"哗"地一下全吸引过来,被围在中间的宇边示范边用略显笨拙的语言讲解着,几抹笑意与自信悄然爬上孩子犹带几分稚气的小脸。一直因为宇的"不求进取"而神伤多时的心,此时却因教室里这嘈杂喧闹的一幕而暗生欢喜。

巧设梯度,将"果子"挂得再高些

"尝到果子"只是第一步行动,事实上更甜美的"果子"应该长在枝头。在孩子们食"果"而知其味后,我就会采用一些诱导的技巧:原来伸手可及的果子慢慢要踮脚才能够得到、要跳一跳才能够得到、要一把梯子的辅助或爬到树上才能摘到……在一步步的难度提升、一阶阶的挑战成功后,孩子们会发现越是高处的"果子"越是别有滋味,遗失的自信便在不知不觉中被自己悄然拾起。感受到"进取"的甜与乐后,孩子们又岂会无求呢?

宇这个敏感倔强的个性男孩,如果用常规之法告诉他"那个果子甜,你去试试"非但不能起到诱导之效,反而很容易触动他的逆反情

绪。因此，在对宇的转化过程中，我很少正面过招，多是用一些暗示技巧小心地旁敲侧击。比如，我的第一步目标是期待他能在课堂上打起精神，在闲聊时我就会提起"同学们都说你越来越会听课了"，用同伴的认可促他踮脚"取果"；上一个目标达成后我又希望孩子能积极主动参与到班级活动中，于是便会"转述"课任老师的话——"你们班宇就像一簇小火苗，走到哪儿就将活力点燃到哪儿"，以老师的肯定助其起跳"摘果"；渴盼着孩子能够积极思考、勇于尝试，我又会常常施一些"怪不得他们都说咱班有个头脑灵活的孩子、你从不畏手畏脚让人很放心"之类的魔法，搭把手助孩子爬到树上……

在宇的身上，我的"诱导之术"既像一滴唤醒种子的雨露，润泽着干涸已久、忘记前行的心，又如几缕拂却困顿的微风，吹开了探索的、自信的生命之花。

慧心呵护，为"果实"注入保鲜剂

教育之路上，要让孩子时时葆有一颗上进之心，仅仅让他们品味到"果子"之甜、体悟到"高处别有惊喜"是远远不够的，再美好的果子历经了时间的洗礼也会流失水分、失却营养，让人了无兴致。如何为这枚"进取"之果保鲜，我的妙方便是让心田时有雨露注入。

与其他孩子的乐观、自信相比，宇是内向的、冷漠的、与众人格格不入的。这样的性格是与生俱来的吗？面对一个心门闭锁的孩子，要真正进入他的世界看看其实很难。但好在，自己一直研究的沙盘游戏疗法带来了颇为震惊的发现：看起来不与谁亲近，可他对班上每个人的特点都了然于胸；表面上对我这个班主任敬而远之，但内心我又是绝对的无可替代……在沙的世界中我了解到宇绝不是没有感情的，他只是还不会正确与人相处。有了对心灵的洞察，再碰面时我就会热情主动地和宇打招呼，因为我知道看似淡然的外表下那一刻必定藏着颗暗自欢喜的心；班级活动时，我优先为他选择一个最有活力的小组，因为我相信快乐也会相互传染；课下闲聊时，我会和孩子们谈些自己与别人的相处之道，因为我看见了那个小心灵对我的崇拜与模仿……

在对细节持之以恒的关注中，在对心灵不曾倦怠的润泽中，我送出的是一枚果子，收获的却是一颗饱满的种子，绽放着满是希望的成长之光。

有人说，碰到一颗不求上进的心，就如同向深不见底的井中投入石子，惊不起半点波澜。其实我更想说，引导孩子"上进"之道并没有多么高深玄妙，从心出发，努力找寻，便定能得到！

第三章
特殊的家校之间，主动跨越

　　教育绝不是简单的师生互动就能开花结果的，如果忽视了对学生成长土壤的研究、忽视了家校关系的构建、忽视了与家长合力之桥的修筑，那么一切成长都会如空中楼阁般虚幻飘摇。作为教师，我们唯有走进家庭才能辨明成长的原生环境进而按需"追肥"，我们唯有读懂并理解家长才能有效合作进而共同育人，我们有时候还需要具备一点"越界"的意识去打破家校间、家长与教师间的壁垒隔膜，再进一步地去探寻问题的化解之道……

为一位母亲放手

学校开设的"阳光家长课堂",由我率先开讲。

既不想用高大上的理论把家长们催眠,又真的希望这次讲座能对家庭教育有所帮助,几经思量,我决定以"顺应心理,孩子更合作"为主题,从生活中真实的案例出发,和家长们聊一聊与孩子沟通的技巧。

经过一番调查预热,我抛出两个问题:孩子不听话,是不是因为我们不会"听话"?孩子不听话,是不是因为我们的话不好听?这两个问题很快就将家长牢牢吸引到讲座中来,而那些源于生活、拮自身边的小故事,更是让他们兴致盎然,纷纷予我以回应。

近年来,对心理学的探究让我更习惯于用眼神来互动。以往对讲座提不起兴致的家长今天如此给力,我自然更愿意用眼神送上一份温暖而善意的鼓励。我一边将沟通中同一问题不同回应带来的截然不同的效果诉于家长对比,一边含笑扫过今天在场的一张张对我有所期待的脸庞。当我的目光滑过一位黄衣母亲时,原本明亮的心情倏然蒙上了层阴影:那张脸上挂满的是什么样的表情呢?空洞、寥落、失望,甚至还有那斜瞥了我一眼中无尽的厌烦……我心头一惊,瞬时画了满满的问号!

讲述还在继续,家长们的热情也还在持续,我再次将目光从黄衣母亲一脸不耐烦中扫过,模糊的答案在心底呼之欲出。一念转起,我做了个仓促的决定:"一会儿孩子们就要出校,我想大家可能也需要些时间为孩子整理东西,所以今天我们先聊到这儿吧!如果关于这个话题大家还有话可说,会后也可以与我继续讨论。"故事被压缩,长话短说,我尽己所能匆忙地将这场讲座收了场，然后长舒一口气。

目送着黄衣母亲迅速离场，又为围上来依然有话可说的家长一一作答完毕，我一个人瘫坐椅上，陷入了沉思……"怎么像赶场一样提前结束了呢？"见我一脸凝重，一直在旁关注整场讲座的领导质疑后马上又安慰道："不过没关系，效果真的挺好的，要不家长也不会一直围着你有说不完的话。不过，那边有位穿黄衣服的家长你认识不？一脸不耐烦，她怎么回事？……""我不认识，没有关系，她没影响到我！"原来，细心的领导也有关注到会场的异常，我心虚地摇着头。

"为什么提前结束呢？原本从容的安排演变成了仓促的结局，是否值得？"在匆匆做出决定的刹那，答案已经毋庸置疑。那一刻，想法很简单，我只想对一位母亲放手！

黄衣母亲我是认得的，她是八年级聪的母亲。刚入学时，我曾担任过聪两年的数学老师。那个清秀漂亮的男孩是个自闭症患儿，他从不会对别人的呼唤作出回应，更不曾主动与人交流，每天都是静静地呆坐在位子上，面无表情。每每目光触碰到这个安分得有些出奇的男孩时，心底都有份软软的痛肆意蔓延。几年的时光荏苒而过，孩子依然是那个安然沉浸于别人无法读懂的封闭世界里的孩子，而母亲却已在一份长久等不到花开的熬煎中慢慢衰老、消沉……

当目光一次次捕捉到这位母亲的焦躁不安时，我幡然省悟，自己大谈特谈的沟通能力恰恰是聪所不具备的。于是，这场看似很合时宜的讲座便戳到了一位母亲心头从来未曾愈合过的伤口；于是，众人热烈的回应声、赞同声便如同一粒粒盐洒落心头，让她的痛感加剧。在她越来越苍白、越来越厌烦的脸上，我知道有双无形中扼住咽喉的手，正令她感到窒息难受。

缺失了的完美可以慢慢补救，错过了的精彩下一站可以找回，而一位母亲破碎的心要如何缝补？放一放手，让痛轻一些、再轻一些，无论何时，我都愿意去尝试……

当"刺头"家长遭遇"奇葩"老师

"老师,你把那个小新他爸妈给我叫过来,我要当着面好生理论理论,让他们看看自己到底养了个什么样的孩子,这次要不给我个说法,我就揍他!"周一早晨,小阳的爸爸一进教室门就气冲冲地嚷着,不用问也大体能猜出为什么。

小新和小阳是班上两个有多动倾向的孩子,不但行动不受控制,话也多得不得了。这么两个特殊的孩子同处一间教室,平日里鸡毛蒜皮的小摩擦也就难以避免。作为班主任,我难免会被这些琐事纠缠得烦闷,但也深知孩子天性活泼,在一起玩玩闹闹算不得什么。可不知从什么时候起,小阳的爸爸不分时间场合地就来告状:"杨老师,我家孩子老说小新打他,这不是校园欺凌吗?你可得好好管管那个小新!"凌晨四点,天还没亮,他的电话就扰个不停。"老师,他要是敢再欺负我儿子,我绝对饶不了他。"半夜三更,我也经常被他的电话吵醒。打人?班上一共十几个孩子,还都时刻生活在我的眼皮子底下,哪有可能会发生这种事呢?平时下课他们在一起开个玩笑、你碰我一下我拉你一把的情况是有的,但也绝对够不上一个"打"字,更不可能是单方的"被打"。两个孩子都贪玩而调皮,有事没事就爱往一块儿凑,倘有一言不合,也都会抢着来告状"小新打我""小阳骂我"……我这边还没弄清到底谁是谁非,那两个家伙早就又凑一起嘻嘻哈哈得不亦乐乎了。

可自从小阳爸爸反映孩子"被打"后,我开始意识到这个家长有点"难缠"。别的家长每次到校都会因自己的孩子特殊给老师添了许多麻烦深表歉意，带着笑脸，只有他生怕孩子在学校里吃了亏，满身满脸的防备。针对小阳爸爸反映的问题，我一方面把两个孩子平时友好嬉闹的关系反馈给他，希望他明白同学之间的玩玩闹闹都是正常的事；另一方面也倍加小心地看护叮嘱着，生怕惹出不必要的麻烦来。可这一次，他怎么就突然来势汹汹呢？

"小阳，最近和小新打架啦？"要弄清实情，还得从当事人入手，我叫来了小阳。"没有呀！""你爸爸说小新打你是怎么回事呢？""老师，老师，"听我这么一问，小阳迫不及待地接过话茬，"每次回家我爸总是不停地问'告诉爸爸他打你没，小新有打你吗'……""那你怎么回答的？"我急急地追问。"有时说打了，有时说没打，他老问，我不知道他要什么答案呀！"小阳的回答让我哭笑不得，可冷静下来后才发现，一名特殊的孩子能给出这样的答案不也很正常吗？就像在数学课上我问他"这是2还是1"，他答"1"，我若问"这是1还是2"，他必定回答"2"一样，智力欠缺的孩子对答案的选择往往是倾向于自己最后捕捉到的那个讯息。

费了很大周章浇灭了小阳爸爸的怒火，可我知道，即便当着他的面做了一个关于"近向选择答案"的测验，他迟疑的眼神中仍是满满的不信与不甘。长此下去，我这个班主任的工作还怎么做呢？总要想一个办法将主动权放到自己手里吧？……

"小阳爸爸，你看看这衣柜门，生生就被小阳拆下来了。还有，晚上小阳不睡觉还到处乱跑，扰得别人也不能睡，值班老师三天两头找到我反映问题，要总这样，得麻烦你把小阳接回家住哦！"微信上，我把活生生的案发现场发了过去，并附上了这样一段文字。不到五分钟，小阳爸爸电话打了过来："杨老师，千万别，我们家离学校好几十里路，您帮我向值班老师说说好话，衣柜门明天我就找人去修理，这孩子是太好动了，嘿嘿。"他讪讪地笑着。

"你看，你看，小阳总这样趁人家不备推人一把，这要是摔倒了磕着碰着怎么办，人家肯定找上门去！"活动课结束回教室的路上，小阳笑嘻嘻地唤前面的同学，见人家不理他，就不安分地"动起手来"，我顺势让来接孩子的小阳爸爸看。"这孩子就是闲不住，老师，他是闹着玩呢，不是故意的，能有啥事？""这和故不故意没关系，万一推倒了摔坏了你就得负责！"我板着脸，没留一丝情面，小阳爸爸摸着后脑勺，一句话也憋不出来。

每次看见小阳的爸爸，不待他开口，我就先把孩子在学校里表现不好的地方一一告诉他（当然，这样的告状绝不会当着孩子的面）。后来，他再也不会不分时间场合打来骚扰电话，每次碰面也都"小心翼翼"："老师，我儿子就是自控能力差，让您操心了……"

每每和同事聊起这段经历，大家都觉得不可思议：碰到"刺头"一般的难缠家长，哄着安抚着都还来不及，也只有你这么"奇葩"的班主任才敢生硬地接招，原封不动地再"打"回去，这可是很容易惹祸上身的，冒这种险你就不怕？

怕过吗？我反复问自己。冒险的做法确实有风险，但不冒险的忍让就是最没有底线的纵容。家校沟通之路上，有时候我们最大的危险恰恰在于，既不敢于冒险，不想做新的尝试，又惧怕风险，把满腹牢骚发泄得彻头彻尾。而我"奇葩"式的发力，也绝无惧怕可言，因为我敏锐的眼睛里有着对于人性与人心的准确洞察。

软硬兼施:"三招"扳倒强势

"哎呀,校长,你们这学校里的保安该换人了,进个门像审犯人似的,我是学生家长,可不是他的看管对象。""什么,这次的班主任呀,我很满意,就是这个小老师太有脾气了,我斗不过她,不过……"即便教室的门紧闭,也挡不住外面走廊里这个人肆意张扬的喧哗声,我真是哭笑不得。

"凯文爸,你看现在都几点了?说好十一点来接孩子,你又迟到了,就这样怎么给你儿子做榜样?"拉开门,绷着脸,我一嗓子就止住了这喋喋不休。教室外,终于脱了身的校长揉了揉额头,长舒了口气。

我是凯文入校不到一年来的第四任班主任。前两任被凯文爸"炒"了,理由是"不接受家长合理建议""不懂如何教育学生",第三位班主任接手一个月后去找到领导:"有这么个家长,我没法干,要么让他把孩子领回家,要么我不做班主任。"在"对特殊儿童无条件接纳"的大背景下怎么可能开除学生呢?于是,我就成了那个第四任。

关于这个家长的"光辉事迹",在学校里广泛流传:孩子入学第一天,他就自发站上了讲台对其他家长大谈教育之道,俨然请来的专家;一个周后,一封长长的"建议信"就躺到了班主任的桌上,大到学校活动安排小到自己孩子心灵成长,事无巨细地表达了他完全从自己出发的观点;当那些让人哭笑不得的建议被委婉地"考虑"后,他愈发如鱼得水,一天好几通电话打到班主任那儿指点……临接手前,校长找到我:"知道你也不愿意和这样的'刺头'打交道,但也只能先这么安排,实在不行再另想办法吧！"

"晾"出来的安分

"你就是这个班的班主任吧？"他边指着我边领着孩子走进教室。原本就对这个大腹便便、油光满面又故作姿态的家伙没什么好感，这一开口，我更是在内心里毫不犹豫地给了差评。

"喂，老师，你们这教室里桌子为什么摆成弧形的，别人的教室都是排了两列三排，整整齐齐的，你看你……"瞧，一进门当着全班学生和家长的面，他就先不安分地对我指手画脚了起来，这样的人谁会喜欢？"凯文，我是杨老师，欢迎你来到启智五班，这是留给你的座位，先坐下来整理一下好吗？"不想理会那个颐指气使的家长，我拉着孩子的手走到座位上，和他一起把学习用品摆放好。

"那个，老师，我儿子凯文他今天早上……"见我终于抬起了头，他忙不迭地又开口。"各位家长，请保持安静，利用这次返校的时间我们开个简短的家长会！"不给他开口的机会，我走上讲台把近段时间班级的活动安排做了简要介绍，然后宣布数学老师在门外等候上课，家长们离开时要保持安静，记得周五按时来接孩子。

门外，凯文的爸爸转来转去，见我露了面，他连忙凑上来。"你可以回家了，我这里有你的电话号码，孩子如果有什么事我会及时和你联系，我不联系你就证明孩子在学校里一切都很好。""晾"得也差不多了，我现在就剩一个想法，让他赶快离开。"哦，那个，那个……那我就走了？"他支吾着，有点不情愿，又有点无可奈何。"你老在这转悠，孩子哪有心思上课？快回去吧！"听我这么一说，他怏怏地就出了校门。看来，"孩子怎样"果然是能牵扯住他的那根主脉。

"怎么样？怎么样？"一回办公室，同事们就围了上来，"见识过那个家长的难缠了吧！""见识了，可我不理他，'晾'了一会就把他打发走了！""还可以这样吗？"……

"晾"都"晾"了，又有什么不可以呢？至少这第一回合的碰面，主动权还掌握在我这个班主任手里。

"压"下去的奢想

因为手里握着他的主脉——孩子的成长，所以我们之间的相处倒也相安无事。不论他提出任何质疑，只要我坚持自己的做法才是最适合孩子的发展的，并有理有据，他倒也无话可说。

不过，从他平时的言谈间，我依然捕捉到了一些不合理的讯息。比如，听说谁家的孩子上大学了，他就会无限神往地"等我家凯文上大学……"；听说哪个事业单位又要招聘"坐办公室的"，他就会说"我儿子将来要怎样怎样"。我一直想找个机会和他聊聊这个话题，又始终不知道面对这种"不按常理出牌"的家长该怎么开口。

"杨老师，你是哪个大学毕业的？"鉴于这两个月来表现尚好，我和他之间的交流便多了起来。但我有我的原则：他好好说话时我就带着笑应上几句，他要是扯着嗓子吆三喝四，我脾气绝对比他还大，这样油盐不进的老师反倒治得他一点办法都没有。"我不是大学毕业的，是中专毕业的。""哦，原来是这样呀。杨老师，老实跟你说，我对我儿子也没有太大的奢求，只要他将来能像你一样上个小中专，当个小老师就行了，拜托你了！"话一出口，来送孩子的几个家长都被他"雷"得呆愣了。

"凯文爸，"我严肃地开了口，脸色肯定不怎么好看，"这对面是实验二小，二小旁边是实验二中，你可以把孩子转到对面学校去，初中毕业了就能考小中专了。当然了，我们学校往北二公里还有高中，从那毕业的话上大学也是可以的！""哎呀老师，你看你这话说的，我家孩子这情况送二小人家也不要呀，不然也不会送到特校来了。"他讪讪地说。"你也知道咱孩子特殊，才送到这里来了，你也知道人家普通学校不收，那你就应该知道孩子学习能力是有欠缺的。现在你让我把你儿子培养成老师，我可没这个本事，哪儿能做到你就送哪儿吧！"……他的脸红一阵白一阵，站在那里很是不自在。自己的话说得很重，但我不后悔，因为有些事实的真相总得有人揭开。

"大家对咱们孩子有什么期望呢，不妨聊一聊。"想让他彻底地清醒一下，也想听听其他家长的声音，我把问题抛了出去。"孩子这种情况，能自己挣口饭吃，我就知足了。""是呀，父母也不能陪伴一辈子，我就希望她能够学些生活、劳动技能，自食其力。"……我肯定了大家的想法，并提供了几点建议，于是，家长们越发紧地围了上来，只有凯文的爸爸尴尬地站在圈外，不知道怎么插嘴。

同事们笑称这是赤裸裸地孤立式打压。如果打压能够让一个人清醒地直面现实，铲除心中那不合理的认知，多"打"几次又何妨呢？

"夸"出来的配合

"到底是个明事理的人，凯文爸的做法我很欣赏：对孩子放手，自己的事情自己做，这样才能更好地培养他们的生活能力！""五一"假期回来，当凯文说他自己把毛巾洗了的时候，我却不着痕迹地把他爸爸表扬了一通。毕竟，晾着压着，都只能保证家长不来左右我的工作，却不能达到最理想的育人效果。要想让家长全力配合我，还得把他变成"自己人"。

"哎呀，老师，我是个不懂教育的粗人，您怎么说我就怎么做。"他摸了摸后脑勺，有些不好意思。我心里亦有些小得意："这么激动，肯定从来没被老师表扬过吧，这么难缠的人谁会主动表扬呢？可我偏偏就要反其道而行。"

我的肯定不常有，但只要说出口，家长们都会觉得特别在理；我的表扬不着痕迹，但总能让凯文爸爸油光的脸乐成一朵花。他从家里给班上一个贫困男孩带来了些换洗衣服，我会说："你这个人看起来粗枝大叶的，有时候还真挺细心，我都没注意到他老穿那一件衣服。"他吣喝着要顺路捎小文和奶奶一程,我会说:"本来做了件好事,都被你那大嗓门破坏光了。"……从他的"嘿嘿"中,我知道这样的说话方式让他很受用。

"杨老师那脾气像小辣椒一样,可惹不得,但人家讲理儿,我就服她!""告诉你们,我们班杨老师,那真是个好班主任,你家孩子升级就跟着他。"这是不同家长转述来的凯文爸爸对我的评价。回想起与他打交道的点点滴滴,我又何尝不是受益匪浅呢?作为班主任,我既得能为这位家长听诊把脉,又不能一味强硬或谦让。但阻力再大,顽石再坚,我们也总还是可以做些力所能及的事,让改变在不知不觉中发生。

我们所从事的教育,并非总是良田一亩,有时候,我们是站在盐碱地上的,有时还会被咸风吹拂,这是最无可奈何的境况。不过我坚信,如果懂得转化、比对,在逆境中或许也可以结出香脆甜美的果实,就像我用"三招"扳倒了那虚假的强势,收获了意外的柔软一样……

追求成长，别忘了对"根"的关注

一

"老师，'五一'妈妈陪我去樱花湖那儿为马拉松赛加油，你在电视上看到我没？这是我得到的奖励！""杨老师，我去赶海了，捡到好多贝壳，最漂亮的那个留给你。""我们一家去看了风车展，还拍了许多照片……"还没踏进教室，班上的学生远远地看到我就兴奋地嚷了起来。

"五一"放假前，我给每个家庭布置了作业——带孩子去参加一次社会活动，让孩子自己把体验讲给老师听。作为一名特殊教育学校的班主任，很多人都搞不懂这么"折腾"的意义何在，可我却始终有自己的坚持：孩子们体弱智残，在校九年无论怎样努力地往脑子里塞，有的人也装不了几个大字、算不出简单的加减法，这样的教育对他们长大成人、走上社会又能有什么帮助呢？所以只要条件许可，我更愿意创设机会，让他们多参加社会实践和劳动体验活动，在活动中练习正确交往，学会自理自立，然后慢慢地融入回归社会。

在因兴奋而显得喧哗的教室里，我一眼就捕捉到了辰与众不同的沉默，他低垂着头，显得闷闷不乐。"小家伙，你'五一'去哪儿了，说给老师听听？"我轻轻地叩了叩他的桌子。孩子抬头看了我一眼，眼神里空洞洞的，又很快地低下头："我哪儿也没去，妈妈说在家里学习就行了……"

第三章 特殊的家校之间，主动跨越

"这也不太像辰妈的风格！怎么所有的活动记录一栏全是空白呢？"翻开班级活动记录册，我的心里犯起了嘀咕。开学初，我带着学生和家长一起走进超市，让孩子们试着自己买学习用品，辰的妈妈因身体不适和孩子双双缺席了。四月份，有位家长提议一起去公园里寻春访春，这对母子也没有参加……从辰转到班上来，我们一共开展了六次走进社会的体验式活动，几乎班上所有的家庭都参加了，但辰的名字后那一片空白格外显眼。

想起辰的妈妈，我的心里其实是有几分钦佩的。她原本有着一份优越的工作，因为丈夫常年驻外，孩子又身有残缺，她便辞了公职做了全职妈妈。每天接送时，她都会和我碰个面，关心下孩子在学校的表现，问一下回家后自己能够配合老师做些什么。我说多爬爬楼梯能锻炼辰的行走协调能力，她就每天晚上带着孩子在院子里的台阶上上下下；我说辰的握笔姿势不对，写起字来很吃力，还很难纠正，她就每天握着孩子的手一起书写……在这样的陪伴下，辰成了我们班进步最快的孩子。

只是，对老师工作如此配合的家长，为什么拒绝参加集体活动呢？回想起来，辰的落寞其实早就赤裸裸地在每一次活动后表露无遗。为了孩子的成长，显然，我不能漠视这已摆到桌面上的问题。

二

曾经试着聊起过班级开展的社会实践活动以及这些活动对孩子成长的意义，辰的妈妈要么逃避话题，要么顾左右而言他。我也有些焦虑：少了参与和体验，辰与同学们相处时明显表现出少了共同谈资的闷闷不乐。可是，如果找不到问题的根源，我一个班主任的微薄之力又如何能改变现状呢？

"辰妈，孩子转到我班上已经快一年了，您对我这个班主任有什么看法或者建议吗？"几经思量，我还是决定试着了解家长心里到底想了些什么。"没有，杨老师，您确实和其他班主任不一样，为孩子的成长想得很长远。当时从别的班转到您的班，也是因为许多家长私下聊天时都说杨老师是个特别优秀的班主任。我家辰能转到您的班来，也是找了好多关系呢！"她连连解释。"您也看到了，别的班主任带七八个孩子，咱们班却是14个人，对我来说工作压力确实不小。但我依然觉得所有的付出都值得，因为有一群配合工作的好家长。不过也肯定有我做得不好的地方，至少在您这里我是不达标的，不然的话您也不会拒绝咱们班所有的集体活动了，下学期学校也想重新调整班级，要不……""老师，拜托，千万别不要我们，我家孩子哪儿也不去，就留在三班，行不？"辰妈急急接过话茬，抓着我的手恳求着。

"我是这样理解对咱们这些特殊孩子的教育的：如果不能适应社会，将来自己不能独立生活，那么学几千几万个字也没有用，所以在班上才开展了这些活动。家长们都积极响应，我万万没想到，您这位最配合我工作的人在这件事上却这么排斥，所以觉得可能我的教育不适合咱家辰。"既然家长对能否留在班级如此在意，我想再添一把火逼逼看。"老师，不是的，不是的。"辰妈显得迫切而焦急，"您说的理我都懂，我也知道走上社会适应生活才是孩子最终的最好的归路，可是，可是我能不能等他的言谈举止看起来更正常一点了再带他出去，要不然……要不然别人会像看怪物一样地看我们……"

闷沉许久的心终于闪过了一丝光亮，原来真正的症结就在辰妈心里：她害怕面对别人异样的目光，害怕走出去后遭受的指指点点。她以为，只有多付出努力，让孩子的言行趋近于正常人，孩子才能更好融入社会。其实，她弄反了教育的方向，孩子是因为不断地在生活中历练、在社会中体验才能最终融入其中，如果一味地等待适应之后再放手，那样的等待该是多么的遥遥无期呢？

在这次探根寻源中，我以近乎逼迫的方式让家长表露了心迹，也为自己觅得了迷茫中发力的方向。

三

其实我的成长观、我的育人理念在平时和家长们的交流中没少渗透，和辰的妈妈聊得就更多了。但很显然，她还是不能够勇敢地走出自我设限、自我闭锁的那个圈儿。

细细回望，辰妈的心情也不难理解。毕竟，我这个班主任和家长的站位还是有差别的，无论感同身受的能力再怎么强，我都不是当事人。谁最有可能影响和改变辰妈呢？毫无疑问，是和她处境一样的家长群体。就如她自己所说："别的家长都说杨老师是个优秀班主任，所以我的孩子才要转到这个班上来"；就如我们老师会私下里议论某个家长如何、哪个孩子怎样，家长们也会用他们的方式相互交流，互通讯息。在这件事的处理上，思量再三，我决定向家长借力。

以前周末休假回校，我都关注孩子在家表现怎么样，有没有听话。现在我改变了策略："大家周末陪孩子做了什么？去了哪些有意思的地方？……"我有意识地把话题抛向佳佳妈、小宇爸这几个特别爱带孩子出去玩的家长。"佳佳小姨结婚，这个周末带她去参加婚礼了，熊孩子还上去唱了支歌……"只要聊起去哪玩，佳佳妈就有些滔滔不绝。"那种场合，你也带她去，她还唱歌？人家不会嫌弃吗？"辰妈怯怯地问。"嫌什么，亲戚都说她大有进步呢。孩子不健全又不是她自己的错，再说哪个人这一辈子还不摊上点事。越这样的孩子我越得带她出去，不能和社会脱节……"佳佳妈的话音未落，小宇爸就插了进来："你说得真对。我发现总带出去孩子就是不一样，别看我家小子不会说话，现在看人知道伸大拇指问别人'你好'呢！""人家不笑话孩子吗？"辰妈追问，仍是怯怯的。"哪有那么多没素质的人，我让小子自己去买酱油，街坊邻居们都关照着呢。"男人的声音里，有着大大咧咧的爽朗。

几周后，辰妈含着欣喜又带着羞赧找到了我："杨老师，我带着孩子去赶集了，他可高兴呢，集市上有位老大爷还教孩子怎么样看秤……

其实，别人知道孩子有缺陷也没什么，人心都是很善良的。""和其他几位家长讨教时，她们都说我太敏感了，正视现实，碰到什么事就解决什么事，这样也挺好。"

"这才对嘛，再说别人怎么看有什么关系，在我们心里孩子就是块宝！"我笑着应道，并在心里暗自庆幸着：准确寻得根源，借力成功！

如果说家庭是成长的土壤，那么父母就是那个成长之根。作为班主任，在关注枝可繁、叶可茂的同时，我们也要适当关注一下根部的营养，在力所能及的情况下，用自己的智慧适当地为孩子的成长之根追追肥，浇些水。

荆棘的另一面，往往有我们看不到的柔软

我，一个特殊教育学校的班主任，不论遭遇了什么样的家长，却愿意始终都坚守着我的班级。因为我看到的、感受到的，不仅有家长的蛮横无理、咄咄逼人，还有他们往往不为人所知的另一面……

一

圆滚滚的辉一脸横肉，调皮捣蛋打架斗殴的事没一件和他扯不上关系。很多老师警告过我："一个孩子的德行有没有可能变好，看看他背后站着什么样的家长就行了，辉的妈妈，简直就像个女匪头，这样家庭里出来的孩子……"

初次"交锋"，是在我成为辉班主任的第二周。周一早上，下了汽车想换乘公交车赶往学校时，一个大嗓门在后面直喊："杨老师，你站住，我要打出租送我儿子，顺便捎你一程！"转过头来，我便看见那个和辉脸上的横肉如出一辙、凶巴巴的女人一手叉腰，一手指着我："我叫你好几声了，你都听不见，辉说你是他老师。"到了学校门口，见我要付钱，她又一声吼："你们老师挣那点儿工资能干什么呀，不用你付！"我讪讪地不知如何接话，只感觉自己脸上火辣辣的。

第二次打交道，是因为辉在学校里打伤了另一个聋生，我把她"请"到了学校。当听说是那个聋生先打了手势骂了辉后，这位母亲操着满口粗话从椅子上蹦了起来："这样的小孩就该打，要是我，会打得更狠。打坏了赔钱我也乐意，先出了这口气……"这样的家长，经验丰

富的老班主任都拿她毫无办法，我这个新手又能怎么样和她打交道呢？很长一段时间的相处中，我都小心翼翼，生怕惹火烧身。

可有时候人越怕什么就越来什么，寒假开学没几天，天大的祸事就被我碰上了：辉伙同另外几个聋生半夜跳窗逃出了学校，如同石沉大海般没了音讯。得知消息后，辉的妈妈火急火燎地赶到了学校，听完其他老师讲述事件经过，又转头看了看已经近乎瘫在那里的我，这位泼辣无比的家长开了口："杨老师你放心，我自己的孩子什么样我知道，他就是一个不安分的捣乱分子，就算真的找不到了也绝对和你没有半毛钱关系，你别担心。"

哪个母亲不爱自己的孩子呢？又有哪个母亲在得知自己的孩子去无所踪之后不会抓狂呢？可在找寻孩子最煎熬、最痛苦的那半个月时间里，每次到学校，辉的妈妈都先走进教室粗声粗气地安慰着我："这和你有什么关系呢，你又不是他肚子里的蛔虫知道他要干什么，就算知道了你还能二十四个小时不睡看着他别跑吗？"

半个月后，在警方的协助下，几个孩子被从南方的一座小城里带了回来，学校里对学生做出了开除的处分，我这个班主任在年终考核中也被确定为不合格，并在那个教师人员富余随时要准备下岗的年头里，我率先进入了"待下区"。可这些击打都没有改变我要继续做班主任的决心，因为在那段昏天暗地无所依靠的日子里，一位人人谈之色变的家长给了我最大的包容和理解，她让我看到了粗犷泼辣背后人性本质中的那份真与善。

二

在办公室里聊起学生家长，大家坦言："这年头天不怕地不怕，就怕不讲理的家长来学校放赖。"于是，我的眼前便总是晃动着一位老人蹒跚的身影。这两年她一直没有再来看过我，不知道老人家是否还好。

十几年前，那时候我刚转到启智班担任班主任。一个自称宁同学姨姥姥的人，在走廊里上演了一出快速"变脸"的大戏。"领导，老师，求求你们了，这个孩子她妈傻，她姥姥也就是我的姐姐年纪大，谁都没有办法好好照顾她。你们就行行好收下她吧，我保证她出了任何安全问题都和学校无关……"

宁是个插班生，刚由普通学校转来。在例行的调查中，学校有问过孩子是否有什么疾病，来送的人拍着胸脯再三保证："除了智力低下，别的什么毛病都没有。"可一周不到，宁便口吐白沫倒在了操场上，浑身抽搐成一团。在特殊学校工作久了，大家都知道，这是典型的癫痫发作症状。这种风险谁也不敢冒，万一哪天孩子出了意外，责任可是担不了的。于是，学校便通知家长来把孩子接回家，因为癫痫病超出了特校招生的范围。

乡下来的姥姥一把鼻涕一把泪地不知所措，可旁边陪同而来的姨姥姥却不是"省油的灯"，这个满脸精明的城市老太太先是大倒苦水拉同情票，见学校一直咬定没办法承担这样的风险后，便连哭再闹地折腾了起来，要上访，要找地方告状，要在学校门口哭闹让路人都看看这个没同情心的学校，最后她索性坐在学校大门口赖着不走了。

看着在冷风中瑟缩着不知所措的孩子，我有些于心不忍，便想带孩子进教室喝口热水。没想到，这一举动竟为我自己招惹到了麻烦：姨姥姥赖在我的教室里软磨硬泡着，又是作揖又要下跪，就是不肯离开。最后，实在被缠得无可奈何的我只好把孩子留在了自己的班里。"愿揽事，那以后出了什么事你就自己担着吧！"领导一副恨铁不成钢的无奈。"那老太太一看就不是个好对付的主儿，和这样的人打交道，以后你就等着找罪受吧！"同事们满心满脸的同情。

随后的几年里，姨姥姥便成了宁的监护人，吃穿所用都由她提供，在学校里有了什么急事，她也总是第一时间赶到处理，并没有找我什么麻烦。在宁毕业前的最后一次家长会上，这位精明难缠的老人拉着校领导的手说："你们杨老师就是我们家的恩人呀，这些年孩子跟着她学到了不少生活能力，没有她，哪有我家孩子的今天！"激动地诉说中，姨姥姥泪流满面。

每年新学期开学，老人都如当年送宁上学时一般到我的教室里看看，拉着我的手不停地表达着谢意。最后一次见面，望着她手拄拐杖、步履蹒跚的样子，我才惊觉：孩子竟已经毕业那么多年了，那个当初低得下身段也强硬得起来的老人也早已苍老得不复当初，只是，她对我的感激和惦记经年如一日，从来未曾褪过色。

没有人知道，当年那个看起来很无赖的老人软一招硬一招，竟与我结下了一段不解之缘。她也肯定未曾料到，那段过往竟在我心里生了根，发了芽——一位班主任无意留下的温暖和善良，竟可以换来终生柔软的感激，这样的幸福只有经历过的人才会懂得。

常有人问我："是什么支撑着你在特殊教育班主任岗位上坚守了那么多年？是对孩子发自内心的喜爱，还是对教育一往情深的守望？"都是，但也不全是。我想最能予我触动的应该是那些看起来形形色色、禀性各异的家长，不论我最终是否给予了孩子们一份美好的成长，那些看起来带刺的家长却最终都将最柔软、最人性的那一面展现给了我，含着感动，带着微温。

家路，心路

有一条路，始于学校，通往孩子的家。穿过这条路，叩开一扇门，教育中便会多了份沟通的温情、多了些体察的煦暖。

特殊教育中，也有这样一条路。我渴望沿着这条路，走进一个个伤痕或深或浅的家庭，了解一个个生命背后或浓或淡的故事，让自己的教育多一份体恤之暖、多一份洞察之明，也少一些僵硬冰冷、少一些盲目仓促。

只是，我的这条路一直都走得一波三折。一听"家访"二字，家长要么面露难色，迟疑犹豫，要么果断拒绝，干脆直接。孩子是有缺陷的，这份缺憾是一辈子挥之不去的痛；家庭是带伤的，没有人愿意揭开伤疤被别人赤裸裸地审视。每份看似不通情理的闪躲拒绝背后，都有着不能言说的苦与痛！所以，关于登门之访，我从未强求。

一个孩子，缺课了很久。每每电话问询，母亲便冷冷地应道："病了，好了再上学！"挂上电话，很多记挂便涌上心头：离校前一刻还欢蹦乱跳，怎么突然病了呢？怎么会病这么多天呢？为什么每次追问得了什么病时便会欲言又止急急地挂掉电话呢？还记得课间陪孩子们聊天时，这个小家伙总会缠着我："老师，希望一直都没有假期，学校里还有你和同学陪我玩！""爸爸妈妈从不带你出去玩吗？"我警觉地追问。孩子便摇头。"爸爸总不在家，妈妈从不出门。"孩子讪讪地答着，很快又捂住了嘴，不再多言。

孩子的母亲一直都是我心头谜一般的存在。她从不像其他母亲那样总是追着老师询长问短，匆匆地送来孩子，见了我远远地绕路走开；匆匆地带走孩子，哪怕我的招呼声已脱口而出。更令人费解的是，无论冬夏，一顶宽沿的帽子，一只大大的口罩，便将整张脸遮了个严严实实。近一年的交往，她拒绝班级一切活动，躲避同我的任何交流。

蹊跷的"生病"，让我分外惦记那个渴望校园的孩子，也让我贸然地走进了那个家庭，以探病之名。

狭小的屋子，窗帘拉得严密无缝，清晨一室的阳光便被隔绝在了房间之外，我的心一下子闷沉而压抑起来。孩子看见我，带着掩不住的兴奋冲上来："老师来了，妈，有礼物了！"盯着孩子左瞧右看，没有发现"病"的影子，摸摸小脸，我长舒一口气。可紧接着，我又备感尴尬，母亲对我的到来明显带着几分排斥，点了个头后再不肯应我的任何一句话。好在孩子一直缠着我各种追问，稍稍消减了我的无所适从。

"唉，也许你是真心对他们好的，也难怪儿子每天都念叨着想杨老师。"沉默良久的母亲终于主动开了口，带着叹息，夹着感伤。"你不知道咱孩子有多乖巧吧，在学校里他可是我的小帮手，每个任课老师都说孩子品质好，又听话。"

我小心地察言观色，接上母亲的话，努力探寻着共同的话题。我发现随着自己对孩子学校生活点滴的描述，母亲眼里是不时有光闪现的，尽管那抹光一瞬即逝。

"是不是我这个人很难接近，之前好多次想和你聊聊宝贝的，你都比较匆忙！"见自己这次没有那么被排斥，我诚恳地求解。母亲忙不迭摇摇头，然后在时断时续的描述中开始了一段回忆——

孩子之前是在邻近县城的一所学校就读。在那里，母子碰到了一位年轻热情而又充满爱心的老师，很长一段时间，她为那种遇见而庆幸不已。有一次，开学送孩子返校，小家伙碰见老师热情地送上了拥抱，老师也热情地回应了孩子。可当母亲想起忘交生活费返回校园时，在教室门口却听到了这样的对话："刚开学就脏兮兮的，还一个劲儿往身上蹭，他妈妈还高兴得不行，真拿自己孩子当宝了，觉得谁都喜欢。"而另一个老师似在帮同伴出气，呵斥着孩子："再别去抱老师，听到没有，看你那两筒鼻涕，扯老师衣服也不对！"看到自己的孩子嗫嚅着说不出话，母亲在羞愧中仓促转身，落荒而逃。从那以后，不论走到哪儿，她都感到别人异样的眼光在打量着孩子，嘲笑着自己。

后来，母亲带孩子转到了我所在的学校。逃开了那个令她压抑的环境，却逃不开笼在心头的阴霾，仿佛每个人都是一面带着善意的笑，一面又回转身去对着孩子的不健全指指点点。于是，她拼命包裹着、封闭着自己，也圈养着孩子。"最近，心理压力越来越大，怕孩子的异样会让别人过多关注，也怕别人的关注伤害孩子，我便害怕出门、害怕被任何人看见了，虽然我也知道这样子不对，这些经历从来没对任何人提起，没想到说出来，心里好像舒服了一点！"

曾经，我一直以为，尊重家长意愿，不惊扰别人有伤的生活是自己一种善意的呵护。可此刻，我却又有些庆幸，庆幸自己用稍显唐突的方式敲开了这扇家访之门，聆听到了一位母亲心底最无助的声音。一份感同身受的倾听、一段静默无言的陪伴，应该比向善的疏离、比不惊扰的尊重更能抚慰印下伤痕的心吧！

学校和家庭之间有条路，通联起来，或许便会有爱而无碍；老师与家长之间有条路，用心沟通，或许再闭塞的心门都有打开的希望；师生之间也有条路，畅通或阻塞，或许就在老师一动一举的细枝末节间。

走到窗前，扯了扯窗帘，几抹阳光倾洒而入。"你看，紧闭窗户，屋子里便只有昏暗，若你愿意打开它，哪怕仅是一条缝隙，阳光也会照亮世界。"就着一室明媚，我与这位母亲轻声交流着，心里开始有了更多暖暖的情愫在涌动：通往特殊孩子家庭的路，就是一条心路。试一试，也许路上总可以留下不同的风景！我想，这条路上的行走，我刚刚开始！

从原生家庭的底版上洞察成长之惑

没少听到老师们发出这样的慨叹：现在的孩子成长中的问题越来越多样繁杂了，教师对问题也愈发显得束手无策了，身负教书育人职责的自己到底该何去何从呢？

作为一名班主任，我研究孩子，观照成长，也关注着生命源起和成长中起决定作用的那关键一站——家庭。当反复在原生家庭的底版上追寻、探究后，才发现生命成长中的许多疑难杂症，病根多出在了以"爱"为名的家庭生态和父母行为中，而我们所面对的学生只不过是问题呈现的一个载体。

成长中照见的镜子是否有光

"父母就是孩子的镜子！"——在《为何家会伤人》一书中，武志红老师提出了这样的观点。确实，作为孩子人生中的第一位导师，也是陪伴时间最为长久的导师，父母的一言一行、一举一动都会渗透到孩子成长的每时每刻。作为家长，每个人都不得不深思，在那小小的人儿步步成长的过程中，我们给了他什么样的镜子？在那面镜子中，他又将照见一个怎样成长起来的自己？

这一年，我常常被楼上新邻居家的争吵扰得不得安生。细细辨别，有父母粗暴狂躁的斥骂殴打，有孩子歇斯底里的吼叫还击，还有争斗中撞击墙面、打破东西的震耳之声。慢慢地，竟从这嘈杂中辨出了几分缘由：孩子网游成瘾，老师每天反馈来的都是作业不能完成、课堂上睡觉之类的信息，父母的说教打骂从来都不能奏效……

每次在楼梯碰见那个看起来文静有礼的五年级男生，我都暗自发问：好好的一个孩子，怎么就能对生养他的父母骂出那么粗鄙的话来，怎么就能变得让老师头疼、家长无策呢？于是，对孩子便多了分审视打量，对家长的无助便多了些同情不忍。

终于在某个深夜我的疑惑隐隐寻到了答案。晚上十点多，正准备入睡，楼上传来了孩子父亲扯着嗓子嘶吼的歌声。时值初夏，家家都开了窗户取凉，那"鬼哭狼嚎"般的声音便愈发清晰可闻。"一个面对自己时随心所欲，面对公众时无所顾忌的父亲，又能给孩子带来什么样的影响呢？"我感慨着。

一户邻居不堪这静夜里的搅扰，喊了一声："楼上的，明天孩子们还得上学呢，大半夜的让不让人睡了！"没想到这父亲脱口骂了三个脏字，还振振有词："你睡不睡关我什么事！"

其实，孩子是看着父母的背影长大的。每个生命个体成长的背后，都离不开一个家庭环境强有力的支撑。如果家庭、父母给予孩子的本身就非一方净土，又何来周正地成长一说呢？所以楼上那个孩子最大的悲凉，是面对着镜子迷茫地看着自己，但镜面上却布满了水渍和斑驳；那个家长最坏的习性，是把粗野无趣当作了强势的象征，却忘了时时擦拭自己立身的这面镜子，忘了孩子时时刻刻都在照着这面镜子过活。

原生家庭教育是根、是源，父母的精神品质是光、是亮，只有根源的土壤醇厚、水质清澈，才能滋养成长；只有光亮之处温和煦暖、明媚宜人，才能映照前路。为了孩子，为了成长，为人父母者，一定要让孩子所照见的镜子光洁、明亮。

生命的成长是否经历过风雨

有的时候我们常常疑惑满腹：为什么知书达理的家庭会养出胡搅蛮缠的孩子？为什么热情开朗的父母会育出闭塞孤僻的孩子？为什么爱的

庭院里还总会有孱弱娇柔的苗木战栗？直到我遇见了军和他的母亲。初识时，孩子的敏感、骄纵曾没少令我头疼。更重要的是，那位言谈举止都得体大方的母亲为这样的一个孩子操碎了心，总是在繁忙的工作之余向我咨询教育之道。

后来在一次文艺演出中再度相逢时，我还窃喜了好久：没准我传授给妈妈的沟通方式起了作用，要不这个向来由着性子和大人对着干的孩子怎么会痛快地登台亮相呢？对他的演出，我内心便格外充满了期待。

可眼看着整台联欢会近了尾声，我的"期待"却一直没有出场。带着搜寻的目光，我碰见了军的邻居："军不是有表演么，怎么还没到呢？""你不知道吗？眼看要上场了，他却中暑了。他妈妈也是，六月份还给他穿着秋衣秋裤。"邻居的答案中带着几丝愤然，"哪有这样爱孩子的！"

中暑？虽然已是六月天，但沿海的夏天并没有那么酷热，偌大的礼堂内更是空调、吊扇齐上阵，不曾让人有丝毫热感，可何至于此？从邻居的口中，我才知道这位非常关注育儿之道的母亲的另一面：小学时托了关系找到班主任要求给他的孩子喂饭；初中时还从来不放心孩子一个人到院子里去玩；三伏天脚踝也不准露在外面，用她的话说是"重要的关节不能透风"。除了这种密不透风式的关爱外，她最关注的就是哪个班学习效率高，哪个地方补课效果不错……

诚然，每一位母亲都恨不得将所有的爱倾洒在孩子身上。但这种爱，若失了度，过了头，就会如同没有丝毫缝隙的温棚，会把鲜活的生命憋蔫捂坏。我不能想象一个如此聪明机灵的孩子，居然需要老师喂饭；不敢想象因为怕和别的孩子一起游戏发生冲突，孩子就得被关在家中"护"起来；更不忍想象，已然变成小男子汉的初中生，被妈妈拿着饭碗追着"张嘴，吃一口"，被强行塞在狭小的天地里"会见"各种不同的补习老师，被妈妈自以为的各种冷、饿、累、不安全浓浓地裹挟着……而孩子种种苦痛的呐喊声，却被这种过于强烈的爱深深淹没了。

身体中暑了，可以休息，可以补水，可以就医。但若是心灵中暑了呢？我真的不敢想象。但有一点我敢肯定：每个人自立、自主、自在的人格和思维都是在童年时期长成的。一个从来不用经历风雨的生命，就不可能有健康茁壮的成长！

以现在社会的发展程度来说，物质上的东西容易满足，但精神上的缺失却鲜有父母关注。

最初关注到航时，是因为在儿子学习绘画的美术班里他实在是个"另类"：好动，不停地干扰别人，没有一节课能完成一幅作品，老师们甚至动了劝退的念头……正在研究心理学的我，深知若不能找寻到导致这些行为背后的根源，是无法彻底解决问题的。带着接纳与探究，在慢慢靠近这颗稚弱心灵的同时我也在一点点理顺思绪：孩子的多动只是想引起别人的注意，只是内心孤单的一种呈现，因为他每次的动都是要严重干扰到别人的；导致孤独的原因是爱的缺失——父母离异，单身的母亲因为工作几乎无暇顾及孩子……

后来我尝试着用自己的一颗心去温暖一个孩子的孤独与无助：当从航口中知道"妈妈是因为听老师说孩子很有绘画天赋"才将其送来美术班时，我也尽可能在航未完成的绘画作品中找出亮点予以肯定，告诉孩子我为他未完成的作品而感到遗憾，若能珍惜上课的时间，是会有一幅很完美的作品呈现的；当意识到孩子因为我低头看书而忽视了他的认真投入而变得心不在焉时，我会立马放下书，将注意力放在他的那份投入中并报以满意的微笑；当孩子克制不住自己又跑去别处干扰他人时，我就会收起那份友善，用严肃的表情示意着对于这种行为的不满……

当然，在每个特别的日子里，我也会精心备上一份小礼物让孩子知道我对他的在乎，如我亲手制作的"加油"小书签、精心挑选并附上赠言的孩子感兴趣的书、外出游玩时顺便淘得的"你最棒"的小印章……在这份"别有用心"的关注下，航的自控力变强了，慢慢地，每节课都能完成当堂的习作，老师对他的肯定也越来越多了。

透过航的案例，我常常会有这样的思考：人的心灵犹如一座庭院，有人对其精心耕耘，也有人任其荒芜。在这座庭院里，无论是耕耘还是任其荒芜，都一定能相应地生长出什么。为人父母者，如果不曾在孩子心灵的庭院里种下美丽的花儿，那么很快，这里就会杂草丛生、满目荒芜。

　　孩子们的成长进程中，难免有让人觉得无法解开的结，这些结的一头连着身心成长，另一头连着原生家庭。面对成长中的棘手问题、行为杂症、心绪纠葛，如果为人师者费尽心力依然无法破解，那么不妨换个角度去看看原生家庭的底版上到底刻了什么样的影像吧！

从家庭环境中去追补成长缺失的营养

"即便你有十八般武艺,可能也难以玩转一个班级!""现在孩子身上惯见的拖沓懒散、虚荣撒谎、消极畏缩等看起来似乎不值得大惊小怪的问题,却无异于成长中的疑难杂症,硬性管教无效,软性诊疗亦不见好转。班主任老师到底上哪里才能寻到那'通天'般的化解之法呢?"……一次班主任工作交流会现场,谈到学生的管理与转化问题时,许多老师两手一摊,深感自己的百般尝试与万分辛劳都在许多孩子身上发不上力。

确实,学校里多样教育活动的开展,班主任老师在孩子身上多种教育手段的尝试,看似都瞄准了问题,却又总是击不破那个难以对付的问题魔咒。于是,面对成长,老师在拼命地追加营养,但反馈在学生身上的却又是营养如此匮乏不均。

奥地利著名的心理学家、个体心理学创始人阿尔弗雷德·阿德勒有这样一种观点:从积极的意义上来说,学校对于学生成长中的问题负有教育和校正的任务;但从消极意义上来说,学校只是早期家族教育弊端暴露的场所而已。这一观点给予了我们"唯有关注成长源头,才能找寻到症状之根"的启示。因此,智慧的班主任是需要以好奇之心、探寻之眼甚至过界之手从孩子生长的原生家族之中去为各种外显性的问题追根溯源进而施加追肥的。

错爱成碍——别剥夺孩子表述的权利

昊是因了被诊断为"自闭症"才走进我的班级的。"杨老师，我家孩子……孩子他表达能力特别差，这种情况也没法和别人打交道，请您……请您用自己的特殊教育专业知识帮帮他，还有我拜托您一定要多多关照！"母亲哽咽着把昊交到我的手里，又在家人的劝说拉拽中哭哭啼啼地离开了学校，留下的是一个大眼睛灵动地骨碌碌直转、我冲他笑他亦冲着我笑的十岁男孩。

多年的特殊教育教学经验告诉我：这极有可能是一个被误诊了的自闭症儿童。用孩子母亲的理解以及某个只擅长根据描述下定论的医生的话来说就是："从来都不喜欢和别人说话，就是偶尔说了也词不达意，这不是典型的孤独症吗？"显然，他们都是从孩子外显的行为以及能看到的"自闭症""孤独症"等字面意思就想当然地贴上了标签。

"昊，下课了用不用上厕所？"这类提问，他会用摇头或点头回应。随着与我、与班上同学的进一步熟识，他开始尝试着表达："老师，你明天妈妈接我吗？"他想说的是："我妈妈明天来接我吗？""跑不听话，就倒了。"这是他来告状某个人不听话乱跑摔着了……而且这样的主动开口机会越来越多，大有一发言便收不住的感觉。

一面积极地为孩子纠正着表述方式的错误，并欣喜于他的进步；另一面，我也在努力找寻着导致孩子语言失衡的缘由。

"妈，我的……""你的包是吧，知道知道，我来拿。""回家能不能……""能能能，你想去姥姥家是吧！"来接孩子的几次露面，就让我捕捉到了关于孩子言语能力有缺陷的讯息——这个对孩子饱含着无限疼爱之情的母亲一直都在剥夺表达的权利。过分宠孩子、爱孩子，当孩子有所需求或愿望时，常常是还未张口善解人意的母亲就已为他备好一切。在一个孩子感觉不到说话的必要、也完全没有表述机会的生活氛围中，他的言语沟通能力自然而然就失衡了。

后来，我给了孩子母亲一些建议：等孩子把每一句话说完，让孩子自己提要求。当表述的权利回归到了孩子身上，家长头疼的沟通问题和"自闭"标签自然而然也就不存在了，孩子也很快就回归到了普通学校的主流教育中去。

爱和碍之间有时就是一毫一厘的差别。错误的爱，失度的爱，溢出了界限的爱，往往都会转变为成长的"碍"，就像昊的母亲自己不曾意识到的语言替代一样，分明是一种变相的束缚与剥夺。

代劳失劳——把动手的机会还给成长

很多课任老师都因为强的问题来找过我，原因很简单，一个十四五岁的大男生，上课铃都响过十几分钟了自己的学习用品还没有从书包里全部拿出来，户外活动时鞋带开了就任它开着拖着丝毫没有重新系一下的意识，早晨学生床铺整理他似乎是永远也收拾不完的那一个……

起初，老师们要么会以"快点，快点"之类的话语喊着催着，要么会变着法地鼓励赞扬，要么就是面对面手把手地耐心指导，但无论哪种方式都丝毫难以奏效，人家软硬不吃不说，逼急了还索性两手一甩彻底地撂了挑子。多番尝试实在无计可施后，我这个可怜的班主任耳朵里便会每天塞满了告状和抱怨声："他在你面前的表现就好一点，你的教育有力度就得好生管管。"

确实，强的拖拉懒散之态在我面前会好一点，但也仅限于"一点"，那并非意味着我有多么神奇的管教转化之法，而是着实无计可施后我的强势凶悍起了一丁点作用，而且很明显，那种严厉治了标却治不了本。

当我把关注的目光转投到家庭环境和家长的养育方式上去后，这个孩子的问题之解自然就清晰地浮现了。闲聊中，强的父母总把"这个他不行""那个他干不了""他还是个孩子，长大了就会了"之类的话挂在嘴边。可想而知，这样的话被孩子接收到后将会产生两种后果：一是

"我可以什么都不做,父母会帮我来解决";二是"我什么都做不好,我没那个能力"。

在《儿童的人格教育》一书中,阿德勒明确地指出:一个拖沓的孩子背后总有一个帮他整理收拾的人。从强的成长来看,显现出来的既是事事代劳的父母,也是无时不在的言语上的偏颇引领和暗示。孩子的成长之根出了问题,老师不断在梢叶上施肥加力自然就无果。

把家长近视的目光拉长拉远,把父母失度的教育观念纠正转化……作为班主任,我着眼根部的努力确实不能够快速见效,但我相信,那却是唯一之法。

强硬致谎——莫在粗暴中弄丢了真实

"我爸刚买了一辆新轿车,比你家的大呢!""我妈妈过六一给我买的粉色仙女裙可漂亮了……"昕的这种话时不时地传来时,老师们都会会心一笑——说谎话像吃饭睡觉那般寻常。虽然家人和孩子一直拒绝老师登门家访,但从他们的衣着打扮来看,她的家庭应该是少见的贫困。

关于昕爱撒谎的论断绝非随意而定,而是从家长那边时不时地就会反馈过来许多的关于她又爱虚荣又能撒谎的信息,如把试卷上的分数变着法地抬高,以送老师同学礼物为名不停地向家长索要零花钱,虚构出来的班主任的赞扬和课任老师的肯定,等等。

在家长一次次地恳请我帮帮孩子改掉她的毛病时,我却隐约感觉到父亲可能就是那个"致谎元凶"。在少有的碰面中,每次他不是指责着昕的一无是处,就是用简单粗暴的喝声制止着昕的要求。为了探寻验证,我和孩子、孩子母亲以聊天的方式多次进行过交流,并获取了一些足以为我提供证明的资讯。

原来,父亲对孩子要求极高也极为严格,一旦发现昕的行为与自己要求不符便免不了一阵奚落责骂。为了达到父亲的目标,少惹是非、无能为力的孩子自然就选择了一种最简单最"有效"的方法——撒谎,不惜以此换取短暂的肯定或赞扬。揭开昕成长路上的那层纱幕我们不难发现，一个撒谎成性的孩子其实总是受到了一个颐指气使的成人的影响，这个成人总是试图通过强硬和严厉的方法来管教孩子。

"为人师为人父母者，我们一定不能粗暴、鲁莽地对待孩子，而是要不断地鼓励他们，不断地向他们证明努力的意义……"一次次借助家委会委婉地把我的观点传递给昕的父亲，也传递给所有孩子的父母。我的这几分耕耘未必能有等值的收获，但不耕耘，肯定就不会有任何收获和改变。

作为班主任，我们确实会碰到解不开的成长之结，会遭遇化解不了的学生问题。这个时候，适当地"越一下界"去看看原生家庭的成长环境以及养育方式很有必要，因为家之于生命而言是成长之根着床的地方，当树干拔节乏力时，养树人唯有对根施肥才能精准助力。

用智慧纠错引领孩子健康成长

作为特殊教育学校的班主任，我和同事们都有共同的感慨：学生们好的行为习惯养成难，养成后的习惯想要保持更是难上加难。归根结底，这其实是典型的"5+2=0"现象在作祟，即老师们绞尽脑汁用了五天时间在学校内进行的培养训练，好不容易让孩子们入了门，可只要再回家休息两天，之前的心血肯定就化成了零。

所以，对我们特教人来说，最大的难题绝不是家长们能不能搭把手，愿不愿意加油助力的问题，而是他们是否愿意改变自己对孩子的两种错误态度，不去扯成长的"后腿"。

错误态度一：过度娇纵

特殊儿童的家长多有这样一种不正确的认知：我的孩子与正常人相比身体不健全，智力发育也迟滞，这已经够可怜的了。因此，做家长的得尽力去补偿他们。

其实，家长们口中所谓的"补偿"，无非是过多的代劳和过度的满足。"身体有残疾已经够可怜的了，还指望他们能干点什么？我们可狠不下那个心……""人家的孩子都健健康康的，我家的孩子完全就是这个社会上的弱势群体。做父母的再不心疼谁还会疼他呢？所以只要我能给的都尽量给孩子！"

家长的态度直接为孩子传递了一种错误的信息：我是弱者，所以你们要为我服务；我能力差，所以我的问题需要由你们来处理；我身体有缺陷，所以你们理应满足我的各种需求。

面对这种类型的家长，我会以"爱"为名，为他们打一支理性的预防针："什么是我们能给予孩子最好的爱呢？家长们不妨与我一同思考。是让孩子不断学习技能提升本领自食其力还是衣来伸手饭来张口全都依靠别人？事事包办式的爱能陪伴孩子二十年、三十年，那四十年、五十年、六十年后呢？……"给出比较后，父母自然会明白，在爱和给予这件事上，自己所能支配的只是眼前。于这些特殊孩子来说，让他们取得优异成绩考上名牌大学自然不可能，但养成好的行为习惯适应社会、打理好生活却是完全可以实现的，只要老师和家长同心协力。

在理性的召唤下，家长自然更愿意配合班主任对孩子进行习惯的养成和技能的训练，这样一来，学校教育里 5 加 2 是可以等于或大于 5 的。

错误态度二：漠视孩子

与无条件地宠溺孩子、无节制地娇纵孩子正相反，有一些家长出于不正确的自尊或不理性的面子考量，要么羞于承认孩子的特殊性，要么恨不得施个魔法把孩子变成透明人。在这种条件下成长起来的学生，是缺少源于家庭的爱和关注的，班主任老师所有的付出最终都会如同沉到水底下的石头一般，在家庭中激不起丁点涟漪和回响。

更糟糕的是，家长的放任、漠视，其实是在变相地向学生们传递着无声但信号强烈的磁场——我是无用的，是不值得被爱的，是不配拥有幸福和美好的，无论我做什么都是没有意义的……在这样的氛围和信念中长大的学生，教育者无论多用心也都难见成效。所以我们做班主任的更要从问题的关键源头——家长——入手。

唤醒家长的爱和柔情，绝不是言语的启发或说教就能见效的，更需要班主任用智慧去点燃。在特别的日子里，带领孩子为父母亲手做一件小礼物，以情去唤爱；在家长会的时候，把学生们精彩的成长瞬间与家长共同分享，以希望去联结爱；在孩子努力后取得进步时，把成功的精彩即时与家长的"付出"捆绑，把关注的目光引领过来；甚至还可以向其他做法较佳的家长借力，因为同一处境中的人带来的分享往往更有触动心灵的力量……

"感人心者，莫先乎情，莫始乎言，莫切乎声，莫深乎义！"如果班主任能善于发力做一个情的使者、爱的信差，那么家长关注的目光是可以因了亲情的召唤，而回归到特殊孩子稚弱的生命成长中来的。

在特殊教育学校，如果说孩子良好习性的养成是一艘待起的航船，家长的教养方式是船上待扬的风帆，那么班主任的角色就必须是一个明智的舵手，既能推动航行，也能根据自然条件调节帆向。且让我们用智慧的导航，去引领健康的成长！

巧用心理效应叩开家访之门

家访是家校间沟通非常有效的桥梁，是形成教育合力的重要枢纽，也是师生之间、教师与家长之间打开彼此心门的一把钥匙。但贸然而无准备的家访却往往事倍而功半，非但不能收到理想的效果，甚至还会造成学生内心的恐慌，与家长间的关系变得尴尬。若在日常的工作中，班主任能巧妙地运用些心理效应，拉近彼此间关系，那么便可以轻松叩开家访之门，让沟通无碍。

增加自我的出镜率——单纯曝光效应

俗话说："一回生，两回熟，三回是朋友。"就好比一个商品的广告经常在电视里出现，那么消费者常常会对该商品做出不假思索的、自动化的偏爱反应。班主任工作也是如此，没有出镜率便没有回头率，要赢得学生的信赖、家长的接纳，我们可以考虑借助这种单纯曝光效应的力量。

班主任特别是新上任的班主任如果想给学生留下不错的印象，增加学生对自己的喜爱程度，常出现在他们面前就是一个简单有效的好方法。比如，早自习多一些叮咛巡视，课后与学生多一些贴心的交流，携一颗童心多参与孩子们的活动，这样更能使学生对老师产生积极的评价。

同样，班主任若想让家长喜欢自己，并配合自己的工作，就要尽力提高自己在家长面前的熟悉度。曾经在一位家长的日志里发现这样一段话：杨老师很关心孩子，每次接孩子时，她都会和我们家长交流孩子的近况。孩子表现得比较好时,她也总会发个消息告知我们,并提出些让孩子如何有更大进步的贴心建议……

  班主任完全可以像这样通过合理利用单纯曝光效应来增进与家长的关系。例如,刚接手一个班级时,可以先召开一次家长会,让家长们对自己及自己的工作理念、方法有初步的认识和了解;放学时,班主任可以和来接孩子的家长们礼貌地打个招呼或寒暄几句;用电话、微信或班级工作群等方式多与家长交流他们所关心的孩子发展情况,尽量让他们了解孩子有了哪些成绩或进步……

  利用好单纯曝光效应,班主任就可以有效拉近与学生、家长间的距离,增加自己的人际吸引力。当然,"曝光"也要防止过犹不及。班主任在学生和家长面前的曝光也要掌握好一个"度",否则会适得其反。我们可以经常出现在孩子面前,但也要注意给他们留一些空间,若时时刻刻紧盯不放,可能不仅不会让学生更喜欢自己,还极有可能让他们产生抵触心理。在工作中更不能动辄就召开家长会或者请家长到学校来,也不应冒昧地登门家访,这样会影响家长的日常工作、生活,并因此觉得班主任很啰唆而产生厌烦感,从而不愿意配合工作的开展。

  适当地给自己曝曝光,让孩子接纳、认可,让家长熟悉、了解,打开心门的钥匙其实就握在班主任自己的手中!

先得寸才能进尺——登门槛效应

  曾经读过这样一段阿拉伯故事:沙漠里,月黑风高夜,骆驼看着主人在温暖的帐篷里睡觉,自己却在外面受冻,也想进帐篷里去,于是对主人说:"主人,外面好冷,可不可以让我的一只脚伸进帐篷取取暖?"主人心想,一只脚也就算了,"好吧,伸进来吧!"过了一会儿骆驼又开口:"主人,一只在外面,一只在里面,温差大,恐怕会感冒,可不可以让另外一只脚也进来?""一只都进来了,不差另一只,好吧!"主人心想。又过了一会儿,骆驼又恳求主人:"主人,后半身在里面,头在外面很难过，可不可以让头也进帐篷呢？"就这样一点儿一点儿地，骆驼的整个身子全进了帐篷。

一只脚都进去了，整个身子进去还远吗？日本心理学家原岗通过大量的调查实验证实了骆驼的做法是有道理的，而这种得寸进尺的做法被心理学上称为"登门槛效应"，即认为在提出某个较大要求前，可以先提出一个小要求，如果某个人先接受了那个小要求，为了保持形象的一致性，他就有可能会接受那项重大的本来并不满意的要求。

登门槛效应之所以灵验，一方面是因为逐步提小要求时，缩小了同大要求的距离，人们在不断地满足了小要求的同时已经逐渐适应了，觉察不到答应对方慢慢提高的要求其实早已背离了自己的初衷；另一个主要原因是人们都有在别人面前保持自己形象一致的愿望，不想被别人视为"喜怒无常"的人，所以在开始接受了别人的请求后，往往会产生一种"反正已经帮了，再帮一次也不算什么"的心理，所以登门槛效应就产生了作用。

这一效应，对于班主任开展家访工作也有一定的参考和借鉴意义。例如，为学生制定发展目标时，我们一定要结合其自身的特点，考虑孩子能力发展水平和心理承受能力，先提出比过去有进步的小要求，当学生达到这个小要求后再鼓励其朝更高目标努力。当班主任用自己独特的匠心"无声润物"时，激发的是孩子满满的自信和对老师无比的喜爱与信赖。

在与家长的互动上，班主任也该具有一双慧眼。先肯定不同家长在孩子教育中的长处，然后再针对不同孩子的发展状况提出小小建议争取家长配合，并对配合后孩子的进步情况及时予以反馈，让家长稍微"跳一跳"就能品味到"摘得果子"的喜悦。在不断尝试与收获的同时，家长自然对老师更加信任与亲近。

有了孩子的喜爱与信赖，有了家长的信任与亲近，家访之门必定欣然为我们敞开！

抛金引玉心换心——表露互惠原则

在人际交往中有一种互惠原则,即受人恩惠就要回报,主要表现为生活中人们经常会以相同的方式来回报他人为自己所付出的一切。我们每个人都希望保持内心的安静与平衡,所以当感觉到自己亏欠对方时,会本能地用同样的方式还予对方。行为会换来行为,友善会孕育友善,付出会带动付出。我们怎样对待别人,别人自然就会怎样回馈我们。

心理学研究发现,在人际交往中,表露也具有互惠性。你对他人的自我表露将导致他人对你的自我表露,进而让双方能更积极地互动。班主任若能适当地进行自我表露,抛金引玉,便可以引出学生和家长的心声,从而获得自己所需要掌握的信息。

作为一名老师,我们也是从学生阶段走过来的。所以,当孩子们遇到困难和挫折时,我们不妨主动将自己过去相关的情绪体验和成长经验告诉学生,这种积极的、适当的内心流露可以感染学生,使师生间的交流更融洽。比如,在对学生进行挫折教育时,为了让他们能结合自己的亲身经历进行深层次的心理沟通,我就使用了自我表露的方法:向学生讲述了自己刚参加工作时,遇到了不知如何有效地管理班级、常被调皮的学生气哭、不会很好地处理与同事之间的关系等问题,因而觉得备受打击,常有干不下去的念头。后来,自己慢慢有意识地调整心态,用积极的眼光看待每个学生,才发现每个孩子都有闪光之处;与同事交往时换位思考,将心比心,关系自然也和谐了许多。我的一番真情表露引起了学生心灵深处强烈的共鸣,随着心扉的敞开,师生间的交流就更加深入了。

表露互惠原则不仅可以用在平时的师生交往中,还可以运用于课堂教学中:可以与教育内容有关或是教学内容的延伸,也可以借题发挥,如针砭时弊、调侃、自我嘲弄等,这些往往能有效激发学生的学习兴趣,调节课堂气氛。

教师的自我表白，无疑是融洽师生关系的"神来之笔"，往往有着不可估量的效果。同样，这种表露互惠不仅在师生关系中能发挥作用，在班主任与家长的关系处理中也同样可以利用。当家长出于各种原因，对家庭状况、日常生活状况等有助于改善教育的信息采取回避态度时，班主任不妨恰当地自我表露，从而也诱发家长的自我表露。

比如，在对一位多动、屡次违纪的学生家访时，我发现这位母亲对很多家庭状况都避而不谈，似有难言之隐。我没有急于追问，而是和家长聊起了自己的"育儿经"，感叹孩子的顽劣，家长教育之难。在不经意间家长逐渐向我吐露了心事：因为离异，母亲一人抚养，既要工作又要顾家还得管孩子，力不从心！一段自我表露让家长开启了话匣子，我也因此对孩子及其成长环境有了更深入的了解，并由这次家访开始，与家长进行了长时间的合作，逐步解决了孩子的行为问题。

不管学生发生了什么事，在与家长交流时，作为班主任的我们一定记得要先听听家长的心声，了解情况以后才能够更有效地"对症下药"。

适时的家访能有效融洽师生情感，使家校合作更密切，但轻松开启家访之门却并非易事，还需要我们从心出发，走近孩子，走进每一个家庭，用心的智慧和温度叩开那扇有效交流之门！

找准发力点，让共育成为可能

黎巴嫩诗人纪伯伦说："如果父母是一张弓，孩子就是搭在弓上的箭。"可以说，家长的言行举止往往对孩子的成长有着至关重要的引领和指向。如果学校的智慧育人能与家庭的正向影响巧妙相融，那么，这种共育的模式下便会最大限度地让美好成长发生，让健康人格塑成。

可综观当下教育，教师总为得不到家长的理解与支持而神伤，家庭又常常会在对学校教育高期待的落差下滋生不满。归根结底，双方都在为"育"而忙，却又总是不能在一个频道上发生共鸣。

到底是什么因素导致了老师与家长目标一致，却难于并肩呢？其实只要细心探寻考量我们就会发现，学校与家庭、老师与家长，往往都是习惯于站在自我的角度去审视问题，这个"自我视角"就是无形之中横亘着的那一堵墙，让彼此间的信任与沟通有了诸多障碍。班主任就是那个消除无形壁障，将学校和家庭拧成一股绳索的关键人物。要破解难以形成合力的僵局，让家校共育绽开和谐之花，可从以下几个发力点去尝试。

改变不合理认知，将家长变成"自己人"

从认知行为的角度来看，所有个体的问题都不仅仅是外在行为层面的问题，更是认知的结果，不恰切的认知才是家校之间的隔膜所在。家长认为：为人父母者爱孩子是自己的本分，关注他们的成长是自己的义务，但孩子学识的培养、能力的提升却是学校的责任。老师们也不乏这样的认知：教好书、育好人、做好本职工作是分内之事，家庭的育人理念和家长的教养方式自己爱莫能助。于是，这微妙却难以逾越的壁障就让彼此有了隔空无法发力的困扰。

作为老师，我们能做的其实是先从改变自己开始：家长的认知难以与自己同频，那我们就再向前迈一步，多在日常接触中予他们正向的影响，拉近彼此心灵的距离；与家长之间隔岸相望注定会有无法合力的困扰，那就主动拆除壁垒，凑聚一起与家长共同前行。

心理学中的"自己人效应"在促进家校共育工作中给了我莫大的启示：在人际交往中，如果双方关系良好，把对方视为自己人的话，就更容易接受对方的某些观点、立场。初次见面，我一定会走下讲台，和家长们聊聊关于"咱孩子"成长的那些事；日常碰面，我定会多多驻足，向家长们分享自己教育孩子时的苦辣甜酸；家校沟通，我尽量转换视角，站在家庭的角度去考量自己的交流方式怎样更容易被接受……

用"自己人效应"激发共鸣，找寻到与家长心灵沟通的连接点，创造出心心相印的共鸣区，其实没有多难。那些关照情感的交流、关于教育目的的探讨、关乎生活经历的分享等，都能够在教师与家长之间架起一座心意相通的桥梁。

创设参与的机会，为家长赋权增能

大多数家长之所以在朝向学校的教育中扮演了"甩手掌柜"的角色，并非他们漠视成长或不愿参与，而是由于"门外汉"的自我认知造成了强烈的无力感。于是，更多时候他们只能站在教育的大门外指指点点，却完全不知道自己还可以做些什么。

班级管理中，我一直都在避免让自己以权威者和专业人士的姿态出现在家长面前，而是注重与家长建立平等的伙伴关系，并通过邀请他们参与班级建设、活动设计、成长规划，增强家长的权能感。

以我所带的班级在寒假发起的"持续打卡阅读"活动为例：当有了假期陪孩子们读书的想法后，我第一时间把这一想法与家长分享，请他们为我出谋划策。考虑到便于进行读书交流，有的家长建议共读一本书；当知道老师会和孩子们一起读时，有的家长提出亲子共读也是相当不错的方式，并决定从自己做起；当想到一个人的坚持可能会很难时，有的家长便建议建群打卡，这样大家互相勉励……当这一个个"金点子"都来自家长时，他们就决不会认为老师在布置额外的任务增添自己的负担，也意识到面对孩子与教育时自己绝不是个无力的旁观者，而是强大的支持者与合作者，自己每一点滴的付出都是有价值、有成就的。

其实，一名智慧的班主任，为家长赋权增能的方式有很多，问题的关键在于，你是否能意识到家长为什么不能融入你的班级教育中来。比如，有的家长忙于生计，与孩子都缺少交流和沟通，就更无暇关注班级与学校的活动了。这个时候，如果班主任能够邀请家长进校参与一些亲子活动，就既能增进亲子间的情感交流，也能促进家校间近距离地沟通。

进行价值引领，让共育得以实现

家庭是孩子成长的长期学校，父母是孩子成长的关键导师，作为班主任，必须清晰地认识到这一成长关键点并敢于以自己的学识能力去影响家庭育人方式。

"班主任去影响家庭和家长？"很多老师会觉得这种想法有些荒唐，毕竟，家校之间在育人中是有着各自的责任边界的。可当我一步步走近家长后才发现，他们对于家庭教育的方法是那么求知若渴，对于如何走进自己孩子的心灵是那么焦急迫切，对于如何与老师协力配合也是那么在意又无措。这时，班主任如果敢于打破家校间的界限，能适时根据家长所需给予一些引领和指导，就会让合力育人事半功倍。

在班级管理工作中，我是一个非常善于捕捉时机对家长进行价值引领的班主任。闲聊中，不少父母都为孩子过于沉迷手机游戏而焦虑，可他们却并没有意识到自己在和我交流中也不时地盯着手机瞟几眼，"这样做，让孩子真正放下手机"就是我针对大家最头疼的问题设计的一次家庭教育讲座，由于主题正好切中家长需求，他们纷纷报名参加。我通过一件件鲜活的事例让家长意识到孩子其实是家庭的一面镜子，映照出的问题恰恰是家长最真实的行为再现，引领他们在怨责孩子不省心的同时先反思自己。在意识到自己才是问题源头之后，家长们便纷纷来向我讨教："老师，我一定改，可是现在要怎么做才能更好地影响到孩子呢？""老师，您把问题分析得特别透彻，我服您，接下来我可以做些什么？"当家长带着虔诚而虚心的态度来讨教时，我的那些正向的班级活动理念和育人价值观便都是他们最迫切的"救命稻草"，被紧紧抓住不肯放松。

因为善于寻找问题根源，也能想方设法创设最恰切的机会让家长理解老师在做什么，为什么这样做，这样做的好处在哪里，在我的班级，任何一项活动都有家长做我最强力的后盾。如此一来，班级管理压力轻松了不少，而效果却是出人意料地理想。

家校沟通不易，朝着共同的育人目标齐头并进更为不易。一个明智的班主任，一定要用心搭建起让家长了解教育、理解教育、支持教育的平台，也一定要用智慧搭建起凝聚家校合力、联动优势资源、指向健康成长的舞台。这样的搭建，需要智慧，更需要行动。

家校合作的"越界"与"守界"

不论是学校教育还是家庭教育，最终都是指向人的——为了孩子的全面发展和健康成长。按理说，有了同一个目标，家校之间的合作也应该是顺畅和谐的，但事实却并非如此。教师常为家长的不配合、不理解而无奈神伤，家长也总是因为学校教育与自己的期待存在落差而不满、焦虑。

当家校同向却难以同频时，家校合作中作为主体之一的教师便容易陷入两种境地：要么死守边界，只坚守好自己在学校里的教育职责就够了；要么热情过火，似乎要把自身那双"全能"的教育之手不断地探伸到家庭教育缺失的方方面面。

家校关系如何走向顺畅和谐？家校合作如何由各自为政、单方发力转向携手并进、有效配合？多年的特殊教育一线班级管理经验让我意识到：家庭固然有家庭的义务，学校也有学校的职责，二者之间确实是有边界的；但就当下社会发展的需求而言，作为教育实施者的教师，在必要的时候也是需要打破边界、主动发力的。因此，守好边界或打破边界都是师者必须而为的。但如何守如何破，又或者说什么时候该守什么时候该破，却是一道愁煞众人的谜题。

"越界"——跨出去的那一步才是良好教育的基石

"有什么样的家长就有什么样的孩子，这孩子的问题之根在家庭，我可管不了！""这是家长的事，我就是个小老师又能怎么样呢？"在很多教师看来，一个有着教育问题的原生家庭不是自己的力量所能介入的。于是，当发现孩子成长中的种种问题与家庭息息相关后，教师便有了放弃和不作为的理由。

其实，家校之间的边界是有弹性的，而教育者清晰的边界意识、敏锐的教育感知能力和智慧的介入方式才是决定合作顺畅、携手有效的关键。一场成功的"跨越"背后，教师的沟通方式甚为关键。

（一）说家长"听得懂"的话

在许多教师的反馈中，家长"素质低""把老师的话当耳边风""不配合工作"等都成了横亘在教育合力中间的那条鸿沟，但有时候我们稍加细品便会发现：也许教育者的表述方式才是导致合作低效的主要原因。

"各位家长，我们的孩子终归是要走上社会的，所以大家一定要注意培养孩子的自理、自立能力，多给孩子提供融入社会、锻炼自我的机会……"这是家长会上，一位班主任的侃侃而谈。乍一听，很有道理；但如何去执行、如何去落实呢？恐怕很多人都会一头雾水。

其实，在教育方面，学生家长相对是外行，当教师的话语体系过于专业或者过于抽象时，虽然学生家长听起来很有道理，但对于具体该做什么、怎么去做又茫然无措。因此，教师对家长提出希望时将目标明确化、将要求具体化很有必要。比如可以这样说："一个自理自立能力不强的孩子肯定不能适应社会。最近在生活课堂上，咱们学习了如何乘坐公交、如何购物，以后这样的事就让孩子自己来做！"这样的话语，人人都听得懂，自然能让家校合作增益不少。

（二）将家长拉到"比肩站"的位置

对教育来说，比"不配合"更令人揪心的是家长总站在教师的对立面——要么追问质疑，要么姿态强势，要么滋生摩擦。

可能有一个问题大家都忽视了，那就是相互沟通时教师的发声立场是会影响到双方的站位的。在学校里我曾经捕捉到这样的镜头：当孩子在犯了错后，老师便气不打一处来，诸如"你们家的孩子""你们当家长的""我这个老师"等句式便不假思索地脱口而出。这位老师可能不明白，当他开口便要分出个"你和我"时，就已经先一步将家长推到了自己的对立面。因此，沟通之时，教师要注意言语细节，于不动声色间把家长拉到与自己同等同向的位置上。

很多家长在评价我这个班主任时，都会说："杨老师这个人虽然有脾气，也严厉了些，但人家是真心为了咱孩子好的！"道理极其简单，因为不论和蔼也好，严厉也罢，我一张口肯定是会先把家长"拉过来"的："咱家这个孩子品行没得说，就是太顽皮了，今天在学校里又闯了祸，气得我……""我们一起研究下，怎么样才能帮助孩子改掉这个不太好的习惯……"当这样的话一出口，家长首先感受到的是老师和自己一条心，自然就更加愿意支持配合。

（三）定家长"能聚焦"的目标

有时候，教师与家长沟通时把合作要求提得很具体，也确实能够以平等的姿态进行交流，但合作效果依然不理想。到底是哪里出了问题呢？

有的老师会这样提要求：孩子升入小学了，我们要培养他良好的学习习惯，让他喜欢上阅读，能够自己整理学习用品，主动帮助父母做家务……目标清晰，且与孩子的成长息息相关，但由于一次性提出的目标太多，家长往往不知道该从何处入手。因此，智慧的教师在与家长合作时，应该有更清晰的阶段规划和层次递进。比如，新入学的小学生，先要培养的是良好的倾听习惯和专注能力，在此基础上，再去引导孩子拓宽阅读面、兴趣面。

也有的老师把目标规划得过于长远，如开学第一天就把这一学年的目标都亮了出来，在漫长的时间线轴上，家长很容易带着满腔热情起了步，却因为看不到"终点"而选择放弃。家校合作中，最理想的目标呈现方式应该是分阶段、小步走，用"周目标"甚至是"日目标"这种最容易实现、最容易看得见效果的方式为家长赋能。

"守界"——守得住的界限才是良好合作的开端

教师与家长合作时，有的界限一定要主动跨越。例如，用先进的教育理念影响家长、以科学的教育方法指导家庭教育，或者当亲子关系出现问题时，教师必须以"跨界"的姿态主动向家庭教育伸出援手。

但有时，比主动"跨界"、积极援助更难的是，对那条必须把持住的"底线"的坚守。曾经接触过这样一个教育案例：班主任在大清早便注意到了前排一个男生的情绪出了严重的问题，几经追问才知道，因为孩子的父母正在闹离婚，当天早上大吵了一架，未经世事的孩子便受到了不小的惊吓。出于对孩子的爱和呵护，班主任拨通了孩子母亲的电话，把孩子的情绪受到了影响这一现象进行了反馈。初时，孩子母亲对班主任感恩连连；可待到班主任劝孩子母亲"大人离婚得心平气和地商量着来"时，家长瞬间便翻了脸，从此拉黑了班主任。

"我图啥呀，不都是为了她的孩子好吗？"这位班主任向我倾诉时，两眼泪花，满腹委屈。然而她不知道的是，因为没有守好界，她才把家长推到了比陌生人更加疏离的境地。"我们可以对孩子的情绪进行安抚、疏导，可以把孩子的异常行为及时反馈给家长，这是一个师者在面对'家庭问题影响了孩子成长'时可以去做的；但家长如何处理家务事、夫妻该以什么样的方式离异，绝对是我们不可以碰触的底线！"这是我送给那位班主任的管理箴言，也是所有教师在家校合作中必须坚守的界限。毕竟，明晰的界限意识才是良好合作的开端，才是和谐发力的中轴线。

学校教育也好，家庭教育也罢，都是孩子成长中不可或缺的；而这二者之间的关系绝不是简单的叠加，必须是有界有度的。我们教育工作者只有适当"越界"，才能更好地提升育人效度，也只有严谨"守界"，才能更好地掌控合作尺度。"越界"与"守界"之间，教师理应是那个能掌控航向的"神奇舵手"。

接纳孩子的同时，更要引领家长

没少听同事们感叹："不怕孩子搞不定，就怕家长不配合！"确实如此，在特殊教育学校，家庭聚焦式的关注与审视、家长防范式的不安与要求，都是导致家校关系隔膜、教师和家长沟通难畅的因由。

在自己的教育生涯中，我经历了形形色色的家长，遭遇了各式各样的家校沟通难题。一路走过之后才深深悟到：读懂家长的无措和需求，引领家长回归理性教育和合作育人的正轨，是新时代教育背景下教师必需关注的着力点。

读懂强势背后的内荏无措，不卑不亢

不知从何时起，本应掌控着学校教育主动权的教师却生生地变成了教育之局的弱势群体，只因家长掌握了能"制住"老师的独门秘器——投诉、上告，特殊儿童的家长亦不例外。

把孩子的生活从家庭相对闭锁、家长时时陪伴的状态切换到班级集体、教师以一应多的现实中来，很长家长都惯于以强势的姿态对老师指指点点："俺的孩子跟着这个班很吃力，你上课的时候得时时盯着些。"——这是不切实际的强硬要求；"我们家孩子今天在学校里摔倒了，你这当老师的没监护好，得负责！"——这是不讲道理的蛮横指责；更有甚者，"你这个老师不听我的，不理解家长"，"我要到教育局告你"。

很多老师被"告"字吓破了胆，往往会因这一时的迁就造成日后长久工作中的被动。这个时候如果我们能静下心来多一些冷静的审视和思

考就会发现，当家长感觉不顺心，只能以"上告"这种再也无法挽回与教师关系的方式来处理时，也恰恰证明了家长的无力感和无计可施。

"我要去教育局告你！"当年，一个家长曾经指着我的鼻子要上告我，理由很简单：他在家里通过电脑连接了学校的监控设备，发现儿子去领早餐时值班老师没给，当时便气冲冲地拨打了我的电话。一调查才知缘由：孩子端着餐盘去领饭，值班老师考虑到他行动不是特别协调，怕被刚出锅的稀饭烫到，便安排孩子回座位上，由老师把餐车推到桌前去分发。显然，家长只是看到半截视频便雷霆大发，听过我的调查解释后又觉得自己有些下不来台，便想以趾高气扬的姿态压我一筹。

"如果您觉得去把我告了就能解决问题，那就去告吧！没做错什么，我自然是不怕的。"亮明了立场的刹那，看得出来家长有些怔愣，我继续摆清事实："自从咱家孩子来到这个班，今天摔了这个的东西，明天把那个的衣柜砸坏了，我有没有哪一次是打电话告状或者让您到校来处理？从来没有，因为知道你工作忙，不容易！今天这件事，我接了您的电话自己没顾上吃饭就来调查，结果发现不过误会一场，这事还有必要去再翻看监控吗？有必要我可以带您去看。没有必要的话，咱们也得互相理解才能更有利于孩子成长……"一番话下来，家长连连点头称："误会一场，没想到老师平时竟然默默地付出了那么多，我一定全力配合！"

其实，面对家长的暴躁冲动，软接或硬碰都不是明智之道。如果能以不卑不亢的姿态把事实摆清，把道理亮明，这本身就是最有底气的对抗之力。后来很多年，这位家长都没有停歇过地传播着我的美名："人家杨老师，有能力，明事理，就得把孩子送到这样的人手上。"

读懂逃避背后的引领缺失，主动伸手

很多能力缺陷孩子的家长其实都有着一颗卑怯而脆弱的内心，别的不论，单是每次带着孩子出门吸引来的无数异样目光，就足以令一颗正

常的心灵布满阴霾。更何况，融合教育是把极为个别的残障儿童和家庭置身在了万千怜悯打量的目光之下，这种境遇下家长所承受的心理压力自然可想而知，于是，逃避、躲闪之念很容易"操控"家长。

更不容乐观的是，家长的避世态度会对孩子产生极大的成长影响，要么在潜移默化的力量感染下孩子越来越封闭孤僻，要么懵懂无知的童心会被硬生生地关在家庭之门内，隔离于社会生活之外。

在我曾经带过的班里，有位家长就特别"另类"：开家长会，从来都是低着头一语不发，即使我在表扬孩子，她也不肯抬一下头；集体活动，非但自己不参与，还常常以各种理由把孩子困在家里，不允许"抛头露面"；家庭极其贫困，却拒绝任何一丁点的帮助，哪怕是老师分发给孩子的小零食……她越是瑟缩闪避，越容易招惹别人探奇的目光；当发现时不时被打量后，她索性不论春秋冬夏都用一顶大帽子把自己全副武装起来，在人群中越发显得格格不入。

意识到问题的严重性后，我便换了种方式：既然家长不想参与我为了更好融合而费心策划的种种活动，那么我可以主动走上门去，在家庭这个相对安全的空间里和她交流，做些疏导。

"我这一辈子算是完了，被这么一个孩子拖累着！"这是她常挂在嘴边的一句话。"旁观者清，可不是这么一回事，你看看咱孩子，除了学习能力差了点外，哪一点不优秀呢？爱劳动，有礼貌，人人都夸他品德好，这样的孩子怎么就成负担了？有多少看起来出色的孩子上了名牌大学却干出违法的事，这样就不是父母的累赘？"当意识到"孩子没有自己想得那么不堪"时，家长是会长长地舒口气的。

"真是不愿意领着孩子出门，怕成为别人的笑话！"交流多了，她真实的心绪便自然地流露了出来。"隔壁班的彤你认识吗？"我问。"就是那个路都走不稳，总是流着口水的女孩吗？""是呀，你可以多和她家长交流下，那位家长的观点我比较赞同——越是与别人不太一样的孩子，越需要多接触正常群体，越需要多走进社会融入进去。""她不怕别人看不起吗？"怯怯地，家长追问。"怎么会看不起，谁家里还没有点糟心的事呢？彤的妈妈总是向别人这样解释：'我家孩子发育的不太好，我得多带她出来转转！'，'我和她爸血不相容，再生几个孩子也都会有问题，所以只能全力以赴去教育这一个宝了。'了不起的家长！"

这样主动地走近，面对面地交流和影响，虽然不能一下子把一个卑怯避世的家长拉回到正常的社会轨道上来，但她的眼里慢慢有了光，行为举止渐渐地大方了起来，在班级里也能越来越多地和其他家长交流探讨了，这何尝不是最有效的帮助和转化呢！

读懂絮叨背后的失落虚空，转移精力

"老师，我今天早上就给他穿了一件单衬衣，会不会冻着？"孩子还没进校门，家长的"关心"就已经到了位；"老师，我家孩子今天在学校表现还好吧？午饭都吃了吗？"午餐还没结束，宇妈追问的电话就打了进来；"他今天学了些什么东西？课堂上有没有主动举手回答问题？数学课上的……"放学的校门口，更是拽着我絮叨个不停。

"这样的家长别理会就是了，要不一天都能被她死死缠住！"同事们常这样劝我。我却坚信，任何不合常规的举动背后，都是内心状态的一种折射，对于这些亟待融合、急需关注的特殊儿童家庭来说，最有效的破解之法不是避开，不是隔离，而是找到源头，帮助家长以正常的状态助力孩子的健康成长。

对宇妈的絮叨内容进行了详细的记录后我发现，她每天挂在嘴边的都是关于孩子的吃喝拉撒睡等琐碎问题，稍加分析，便厘清了眉目：自从查出孩子发育迟滞后，宇妈便舍弃了工作，推却了一切社交活动，把陪伴孩子、康复孩子当成了自己生活的全部。十多年来，孩子的一举一动都在自己的眼皮子底下，一旦孩子离开她独自入学，而她又没有其他的事情打发时间，心里便没了着落。

家长的状态决定了孩子的成长朝向，一个惯于碎碎念、对一切都不

敢放手不能放心的家长，要如何培养出独立自主的孩子呢？为了孩子的成长，我也必须主动去介入。

"宇妈，我知道这几年您为了孩子的成长，四处学习，积累了很多康复训练的宝贵经验。您看，咱们学校有很多特殊孩子的家长都不像您有这么多的专业知识，能不能抽空给大家做个讲座呢？我也想聘请您为康复技术指导，让更多有特殊需求的孩子都能受益……"一听说帮助更多的孩子，这个心地淳朴善良的母亲便毫不犹豫地"接了单"。

为了了解每个孩子的残障类型及家庭教育中的困惑，宇妈花了大把气力去调研走访；为了让自己分享的内容实用有针对性，她又回过头翻阅了大量专业书籍；为了讲好这堂课，凡事都一丝不苟的她精心准备……给家长权利，让她感受到自己还大有可为，这是我的迂回策略。而通过这次讲座，家长们自发组成了以宇妈为主要负责人的家庭康复训练小组，开启了互研互助的新模式，每个家长都在这种模式中感受着孩子的成长与蜕变，宇妈更是因为找到了忙碌的价值而内心丰盈充实起来，不用再整天盯着老师和学校追问孩子的一举一动了。

日常交流中，我也不时地把宇自理能力越来越强、越来越自立的好消息分享予她，让她明白：父母给孩子最理想的教育模式，是在该放手的时候果敢地放手！

接手班级，我们既要容得下形形色色的孩子们层出不穷的成长问题，以专业的姿态去育人；还要读得懂表现不一却同样棘手的家长，读懂他们种种反应的因由和心灵缺失，用我们的智慧去做些引领。毕竟，只有家校之间的沟通顺畅了，孩子们才有可能茁壮地成长。

家校之弦，微拨轻弹更和谐

"家校沟通难，与特殊孩子的家长沟通更是难上加难！"这番感慨不假。有的家长会带着挑剔的眼光审视特校的老师和环境，生怕自己本就有缺陷的孩子在学校里吃了苦头或受了歧视；有的家长为了给孩子做康复治疗，身心都处在高负荷的重压之中，一言不慎便焦虑暴怒；还有的家长智力本身就有缺陷，与他们沟通相处就更不容易。于是，班级管理当中"家校沟通问题"便成了班主任的烦心事：耗时冗长的说教式沟通，家长会听得厌烦，索然无味；频繁的互动式约见，似乎了无新意，很容易让人失却耐性。

俗话说"快马不用鞭催，响鼓不用重槌"，"微革命"一词的出现不由令我眼前一亮：家校沟通中，我们是不是也可以进行一次"微革命"，用微拨轻弹的方式奏出更为和谐的曲调呢？带着这样的设想，我进行了一系列的"微"尝试。

家校交流——"微言"现大意

无论是家长会，还是平时与家长的交流，我们总是习惯于碰面后喋喋不休，恨不得把孩子的优点、不足、近期表现、长远发展、亟待解决的问题一次性唠叨完。结果却是，我们的问题反馈并没有引起家长的重视，我们对孩子的赞许并未漾起家长脸上的笑容，我们挖空心思学来的那些家庭教育之道也并没有影响到家长，没能让他们的教养方式有所转变。

当意识到教育中的微枝末节可能有着不可估量的作用后，我便在日常交流的"微"上下足了功夫，于细小之处着手，改进自己与学生家长的交流方式。

首先，我一改过去以自我为中心的习惯，交流中尽量避免使用"我觉得""我认为"之类的词来开头，而是把重心放在了孩子和家长身上，如"孩子最近注意力不是很集中，是不是没休息好？""小家伙进步很大，这和你们的付出是分不开的！"当家长和孩子变成了话题里的主人公，家长自然愿意驻足聆听，我的话语便可能在其心里留下印痕。

其次，我会努力把握好交谈的"度"，孩子犯错了要警示有度，点到即可，没有一个人希望自己的孩子在别人的口中一无是处；孩子的表现可圈可点时要适度赞许，过度的夸奖会少了真诚，轻描淡写的肯定也许根本就无关痛痒。

再次，心理学上有一种叫"超限效应"的现象给了我极大的启示，那就是刺激过多、过强或作用时间过久，会引起心理上的不耐烦或逆反。细细反思，自己的工作中这种"超限"之误是时有发生的。于是，在日常交流过程中，我每次碰面尽可能只向家长传递一种讯息，需要关注的或改进的，值得肯定的或仍需要保持的……并使用诚挚简练的语言来表述。

虽然只是言语上的微妙调整，但我与家长间的交流却越来越亲密而有效了。

家庭走访——"微机"不可失

虽然进入了信息时代，微信、短信、QQ 群、校讯通等便捷的联系方式让家校沟通吃上了"快餐"，但传统面对面式的家访依然有着无可替代的作用。走上门去，我们才能更直观地看到学生及其家庭的真实面貌，锐敏地察觉到孩子成长中问题的根源；走上门去，来一次促膝的攀谈，让眼神与心灵同时交汇，沟通才有可能更深入更密切，也才能更触动心灵；走上门去，才有可能还原孩子生活中真实的一面，使教育行为更富成效、更有针对性。当然，越是营养的大餐越需要精心的烹制与火候的掌控。要想将登门家访这道大餐烹饪得营养全面，需要我们于细微处更多一些的思量。

在具体的家校沟通工作中，我带着对细节的体察，带着对微妙时机的准确把握，一次次叩开了家访之门。

首先，不把家访变成告状。

一提起家访，很多人就将它与告状画上等号，其结果是家长紧张、孩子不安。既然教师的登门会让家长与孩子感觉重重顾虑，我们何不在登门前巧妙地来个暗示消除它呢？

在自己的班主任工作中，我通常会借这样几个机会顺势家访：一是孩子们在某项活动评比中取得优异成绩后，我会亲自上门颁奖。"上门颁奖"既可让孩子和家长感觉到这份奖励的分量之重，又能借此契机让彼此间的交流更轻松、更有效。二是在孩子们有某方面进步后，借"取经"之名走近家长。班主任带着孩子进步的喜讯上门，必然是每位家长都乐于见到和接受的，当发现自己对孩子的教育经验居然还吸引了老师，家长们便会主动总结反思自己的亲子教育经验，也更乐于打开话匣。

其次，巧借"东风"登门拜访。

作为特殊教育学校的一名班主任，我的孩子们由于身存缺陷，常常意外频出：今天这个发烧生病要回家休养，明天那个又可能因自理能力差弄脏了衣裤回家换洗……而我也会将这些频发的意外变成家校联系的"东风"，助我顺利打开家访之门。

班上有个孩子性格孤僻，见了我总是敬而远之。一次他肺炎发作在家休养，我带了些食品上门探望，这个平时不善表达的孩子见我出现的刹那，眼里闪烁着既惊又喜的光芒，而他父母更是拉着我的手主动和我聊了很多。适时的登门，瞬间拉近了我与这个家庭的距离，也额外回馈了我更多宝贵的教育讯息。我还曾借送孩子回家、"顺路"捎一段乘车不便的家长等不同的方式达到交流的目的，于无痕中收到入门探访的实效。

家校沟通不易，重重的弹拨极有可能弦绷音破。我想，这一路的行走中倒不如巧妙借力，着眼细微，让我们微微地拨动心弦，轻轻地击出节奏，带着更多的智慧谱一曲和谐的家校合力乐章。

共生共育，将教育围观之局变为全员参与之势

在特殊教育的圈子里，最惯常的现象莫过于：家长自己对孩子的教育无法发力，却又惯于对学校的教育指手画脚；社会对特殊教育的了解不足，却总是以挑剔的眼光审视学校和教师。如此糟心的生态之下，大家都对担任班主任避之不及。

教育发展的本质是什么？是教师拉着拽着孩子们追求成长，家长和社会都来观阵鞭策吗？是少数群体牵着引着教育之舟不断前行，多数人用评头论足来打消热情和激情吗？理想的教育显然不是以这种样态来呈现的。我一直认为，唯有将尽可能多的围观者变为教育的参与者，以共生同长的姿态来关照教育生命的发展脚步，才能够改善生态，形成合力，驱动教育航船走向美好的成长那方。

向家长抛枝，凝聚共生能量

参与过拔河比赛的人都会有这样的体验：参赛时凝精聚神，所有的专注和力量都聚焦到了发力这一个过程中。那些有闲情、有精力指挥吆喝的，无一例外都是观众，都是局外人。要打破家长和教师间的壁垒隔膜，最有效的办法就是请家长"入局"，让他们感受到自己的能为与有为，并在这种作为之中与教育共同生长。

（一）使家长成为学习的陪伴者

陪伴才能对孩子有深入的了解，才能对学习有深度的体验，也才会对教育有设身处地的理解。而当下的教育，关注过度、陪伴缺失却成了

大多数家长的惯常状态。

2017年初，班上的很多学生都参与了我发起的书香假期活动，我意识到这是一个不可多得的契机，于是向家长们发出了这样的邀约：用"伴读"陪孩子过有意义的假期生活。在这样的活动中，教师和家长携起了手，都是孩子阅读路上的陪伴者。

"我家孩子一说读书就提不起劲来，这可怎么办，现在阅读理解能力这么重要……""读书的过程中，孩子很难做到专注，真愁人。"借着很多家长反馈来的问题，我专门做了一次成长讲座，让家长意识到问题所在——当家长看电视刷手机却要求孩子静心阅读时，那样的约束和要求不具有任何效果；家长如果能将自己沉浸书中，孩子自然也就有了行动参照的贴切榜样。

通过"伴读"活动，我把家长拉到了教育的共生圈里来。在这个圈内，教师和家长因沟通合作而拉近了心灵距离，学生和家长因相伴相陪而感受到了蜕变生发的美好。家长的角色也发生了彻头彻尾的变化，由旁观者变成了教育参与者和成长陪伴者，在走进和融入中，家校间相伴相携的合力正悄然生发。

(二) 让家长变为成长的引领者

家长的陪伴之于孩子的成长而言，只是一种浅层次的教育参与。如果能进一步为家长赋权增能，邀他们走入育人的深水区，教育合力的共生之势才能更加繁茂。

基于这样的思考，我努力从不同的家长身上搜寻亮点，并为他们量身打造专属课堂，既丰富了学校育人和班级活动形式，也把家长变成了我的助力者和成长的引领者。

有的家长擅长手工编织，我便将她聘为学生综合实践的校外导师，定期走进校园做现场指导；有的家长几十年如一日坚持阅读，我便邀请他就读书经验或某一本书的感悟做具体分享，并由他牵头成立班级家庭阅读群；有的家长在不同的岗位坚守，在不同的工作中成就自己，我便请他们走进教室讲述自己平凡工作中的经历和成绩，予孩子们最接地气的生命成长启迪……

在参与引领的过程中，家长走入了教育深处，也对学校和教师的工作多了份了解与理解，共生共长、共研共育的理想之局因此悄然成形。

向社会借力，打造共育氛围

当静下心来审视时，我们不得不承认：教育的行进有时候是和社会大环境发展脱了节的。如此一来，校园围墙内的人只关注知识的灌输和接收，不谙社会时事；而墙外的人又不能入内，常以一颗揣测之心和主观评判来指指点点。作为教育人，我们有义务、也有必要发力借力，在这二者之间搭起一座合作的共育之桥。

（一）把活动现场迁入社会的大舞台

校园义卖场、班级劳动竞赛、礼仪比赛……为了学生成长，我们绞尽了脑汁在学校那一亩三分地里创设情境，进行各种社会场景的模拟演练。但再逼真的现场也抵不过真实的社会融入活动。因此，教师要做一个善于发现契机并能借机行事的智者。

我所在的学校有校办工厂，每天都有不同的车辆进进出出，每一辆进入的车也都必须在传达室内登记备案，这不正是让孩子学会交际、服务他人的良机吗？于是，我找了学生可以自由活动的时间，分组安排班上的学生到传达室值班。看似小小的值班之岗，孩子们却要学会操控电动门的开和关、礼貌接待客人、指导客人登记车牌号和身份电话等信息，这种置身社会实践场的体验，让孩子在切身参与中充分感知到了自己的"能"，也让那些与孩子们接触的成人感受到了教育的"有为"。

借园林工人在校门口草坪清理杂草的机会，把孩子们派出去帮忙；借外出的任何时机，鼓励孩子们乘坐公交、超市购物、做志愿服务……对学生的每一次放飞，也都意味着让成人近一步了解教育中的人、了解自己能给予教育的支持和帮助。

（二）把社会精彩融进成长的小圈

和社会脱了节的教育，永远无法培育出完整的人；被社会隔雾看花的教育，也永远都脱离不了种种被指责非议的境地。育人者，唯有自己能清醒地意识到问题，才有可能破解迷局，变育人的孤立为教育和社会的共生。

现实中，要把教育的场域扩展到社会大舞台上，还是难度重重的。因此，我们不妨转换角度，努力把社会精彩的点面融进教育成长的小圈子里来。

2020年春节期间爆发的一场新冠疫情，牵动着无数人的心，在那个节点上，年逾80岁的钟南山院士无疑成了全民英雄。这是社会的热情，也是万众瞩目的焦点，于是，我带着孩子们查钟老的生平、人生阅历，搜集他生活中令人感动钦佩的点点滴滴，然后开展交流探讨，并鼓励孩子们在社区公益活动中进行专题分享。这样的活动让市民眼前一亮，大家纷纷为学校、为老师对孩子到位的教育点赞。

我也引领孩子们关注荣成市赴武汉抗疫一线的护士黄婷，让学生意识到：或许身边的每个人看起来都微小平凡，但把平凡的工作坚持做好，关键时刻能有所担当，这就是最有价值的人生。被黄护士所感染感动的学生们，有的写下了一封封书信，有的通过网络不停地送上祝福，有的在朋友圈里留下了赞颂的一笔……呈现在社会大众面前的孩子们有心有情的，社会人也更乐得为这样的成长提供更多资源和鼓励。

成全教育，成就成长，归根结底是需要在教师的主导下，聚多方之力以共生共赢的姿态改变当下教育的胶着模式，携手营造一片利于发展的晴空。这样的成全与成就，需要心的助力，更需要智慧的嫁接……

第四章
特殊的班级，智慧引领

  虽然班级管理是苦和累的代名词，但在我自己的特殊教育生涯中，却总是追着领导要求做班主任。我总觉得，如果不能拥有这样的经历和守望，教育人生是会留下无法修补的缺憾的。研究孩子，研究心灵，营造一方润泽的成长空间，我想，为人师者最大的幸福莫过于此吧。当然，其前提是智慧先行。

一座会活动的"小公民"成长营

时常,我会面对着班上那十几个身心发育迟滞、表情亦是茫然无措的孩子陷入某种沉思:按部就班地用不同的学科课程把孩子安放在教室里,十几年下来,他们就真的能得到康复回归社会吗?煞费心力地往缺陷的头脑中填塞着五花八门的知识,微薄吸收后,又能对孩子们的人生有多少助益和影响呢?

当审视当下、朝向未来后,我开始清醒地意识到:认识 10 个字和认识 100 个字,对这群孩子未来的生活影响并不会有太大的差别,会算十以内还是百以内的加减法,也并不能决定走上社会后他们生存状况的好坏。坐在教室里,无论构建的课程多么丰富,都无法有效和社会勾连;置身校园中,这群特殊孩子接触的除了老师就是同学,将来离开校园后依然还是会无所适从。

我不希望自己花费十多年心血所培养出来的学生,临到毕业那一天会再次变成家庭和家长的负累——担心无人看管无处安放;我也不希望通过特殊学校的教育康复后的这些学生,回归社会后依然是一种另类的群体——不懂社会规则和生存之道。因此,把每个学生当成急需引领的社会小公民来看待,用我这个班主任有限的能力资源去改善孩子的生活适应力,就成了我在班级中最为艰难的尝试。

用"走出去"铺筑与社会相连通的桥路

闭塞的成长环境中育不出合格的社会公民,这是一个众所皆知的道理，可当我提出要让孩子们"走出教室去，与社会生活相连通"时，却收获了满地的质疑声。毕竟，在"安全守护成长"的名义下，学校是断不会冒着风险把孩子撒手放出校园的。

既然没有大范围的活动自由，但我总能营造出小天地里的成长空间吧。

首先，我把可以行走的范围锁定在了校园内。第一次尝试，我是带着孩子们在学校的食堂里蹲点，看师傅们忙些什么，怎么样去做；也找些安全的、学生能干的诸如择菜、洗水果、摆餐盘、分食物等活计让孩子们参与。在这样的体验中，孩子们直接目睹的是食材从生到熟的加工过程，近距离接触的是工作人员严谨有序的忙碌态度，更得到了他们耳提面命的一手指导。当就餐时吃到了由自己参与制作的美味时，孩子们的得意自豪之情无可掩藏，也愈发懂得食物的珍贵。这样的实践收获，要比坐在课堂里一遍遍叮嘱、一次次模拟来得更生动，所起到的教育价值也更为全面。尝到了走出教室的甜头后，我又把孩子们的体验基地搬到了学校大门口的值班室，在与保安人员的互动中学习礼貌地对来客登记、为出入车辆按下遥控器等。

其次，我找寻不同的时机把活动的天地移到了校园外。借着住校生用品不足需要补充的机会，我带着几个孩子舍弃了校园门口的小超市，而是专程乘公交车去了另一家大型综合商场，用这一个借口来培养孩子们乘车、购物的能力；学校大门前的绿化带，环卫工人们正忙着清理杂物，为花木浇水，让孩子们在这样的接触和交流中辨识植物，辨别杂草，为环境美化助一把力。诸如此类的机会，总会被我牢牢抓住，几年下来，许多人都能感受到我班孩子的整体自理自律能力明显强于其他班。

这些"走出去"的连接和体验没有多么高端，都是源于生活、适于行动却又往往是被学校、被家庭所忽略了的一部分，但这一部分，对于特殊的生命群体而言，却无比重要。

用"请进来"修复与社会断了弦的连接

既然"走出去"的机遇那么难求，何不换个方向，把外面的资源搬进校园来呢？

"你说要尝试把不同的人请进教室来，这是什么意思？"我大胆的设想让领导吃了一惊，"咱们的学生，连和人正常打招呼都不会，还时不时冒出些不合时宜的问题，恐怕不合适吧！"在我"正因为孩子有不善于与人交流的短板，有与社会生活脱节的成长弊端，才需要重新连接"观点的坚持下，领导只好勉强同意，由着我去折腾。

想法很简单，但真正要实施起来却困难重重，毕竟我也只是一个被困在特殊教育学校近20年的老师，除了同事外，还真不认识几个社会人。好在，我比较会借力。

首先我会向家长借力，如朋的妈妈是位糕点师，我就带着孩子们出去采购了材料，从家里搬来了烤箱，先邀请她为孩子们分享自己的工作日常，激起兴趣，再于教室内进行一番烘焙动手体验。用活动促进交流，培养能力，是我的目标。通过这样的方式，我请来了会手工编织的妈妈、会面塑的奶奶、会变废为宝的巧手爸爸，于一方固定的教室里营造流动的成长体验。

我还比较会薅学校的"羊毛"，借医院入校为学生查体之际，我恳请医生和护士在工作结束后走到我的班级中来，和孩子们分享身体康健和护理之道；借消防宣传进校园之际，我邀请消防员和孩子们一起转转校园，在看似随性的行走中把何时何地可能出现什么样的消防问题、要如何解决等知识传递到学生的脑海中；即便是上级领导来参观检查之际，我也会鼓励孩子们主动前去问候招呼，甚至做些简单的交流。在不同的结识和交际中，学生既开阔了眼界、增长了知识，又锻炼了沟通交流能力。

用"放开手"成就自主自立的社会小公民

只要细心审视就不难发现,现在孩子成长中最大的问题就是老师不敢放手,家长不懂放手。于是,教育之怪现状便一次次地于生活中上演——一群不肯放手的人抱怨着孩子不够独立,不能自立。这种状况,在特殊学校里就更为明显了。

为了改变特殊学生成长中这种被动的局面,我做了两方面的尝试:

一是用具体的指导改变家长的观念和行动。在孩子成长这件事上,班主任其实都是大小道理讲了一箩筐,但往往收效甚微,究其原因,还是家长只关注到了"理",却不知道具体该如何"行"。因此,每次放假回家时,我都会做一些详细的指导:"记得让咱孩子自己买车票哦!""去超市购物,家长只陪伴,挑选和付钱的事让孩子来,他可以的!""这周学习了洗衣服,孩子的衣服请让他们自己洗。"这样把成长任务具体化,家长就不至于无从下手,而且在坚持中也更加能体验到蜕变的惊喜与感动,坚定"放手"的信心和决心。

二是以多样的活动促进家长的助力与放手。每个学期,我都会至少组织两次亲子社会体验活动,于活动中让家长学习如何正确地指导孩子行为,如何在该放手之时毫不犹豫。比如,海边游玩活动中,家长们就在我的鼓励下,放手让孩子自己去准备出游需要带的食物、工具等,只是在有所遗漏时给孩子提个醒,如"玩累了要去哪休息""吃零食造成的垃圾怎么办""杨老师和同学们都陪我们,需不需要再准备什么",等等。于这样的亲子体验中,孩子感受到的不是被控制、被要求,而是主动参与、愉快合作。

每每回顾起与我这个班主任共同度过的时光时,孩子们都说自己是在活动中成长起来顺利走入社会的,家长们更是动情地把班级比喻成小公民的"快乐成长营"。那些年,我的班级,因为我倾心营造的氛围而使成长更灵动,更鲜活,最终,每个孩子都成功地立足于了社会那个更大的团体当中。

全盘发力，让散沙汇聚成塔

即便已经干了十多年班主任，我依然为新学期里刚分到的这块"烫手山芋"狠狠地头疼了一把。由十二个智力落后的初中孩子组成的班集体中，有的学生因自闭时常情绪失控，有的孩子因多动在凳子上坐不了几分钟，更多的是处在青春期的躁动中让你永远也摸不透下一步会出什么招的"熊孩子"……

领导亦有领导的苦衷："有的家长是循着各种门路找上来，点名道姓地就要去杨老师的班；有的孩子是一般的班主任镇不住的，你办法多只能交给你试试！"面对着似散沙一盘的班和家长、领导的希望寄托，我意识到这绝不是一个人能够应对的局，唯有多方筹谋，才是破局立班之道。

拉家长"下水"

在一个和谐而富有凝聚力的班集体的构建与打造中，禀性不同，或顽劣或执拗的孩子都不是最大的问题，最令班主任头疼的恐怕是认知各异又惯于以自己的视角和理解对教育指手画脚的家长们。毕竟，在教育的现实世界中，"老师太严厉了，没有爱心；太柔和了，镇不住学生；太粗放管理了，养不成好习惯；太事无巨细了，限制了孩子自主发展"之类的苛责，皆是出自不同"胃口"的家长之口。因此，成长孩子、成就班级的第一步得是我的工作之道能够赢得家长的信任、支持和有效参与。

第四章 特殊的班级，智慧引领

"各位家长好，今天是我们第一次碰面，老实说，这个班我真是不想接，也去找领导辞了好几次，做了这么多年班主任有些累了，而且咱们班的孩子情况也有点复杂……"与家长们第一次碰面，我就露出了极大的不情愿。"哎呀！杨老师，可别，我可是费了好大劲才把孩子安排到你的班上的。以前我们村凯的妈妈一直说杨老师是个特别会管教孩子的班主任，后来我每次路过你带的班级门口时，都觉得这个班的孩子特别有精神又守纪律，你可千万别不干呀！"我故意挂出来卖的关子很快便引来了主顾，臣的妈妈已经迫不及待地把底牌和盘托出，很快另两个也是"有所要求"的家长就附和了起来。在这种气氛的烘托下，其他"随机"而来的家长也都兴奋得如同中了奖一般——"原来我们运气这么好，碰到了一个特别优秀的班主任！"于是，家长统一战线联盟很快达成了，他们就一个愿望，为了自己家"熊孩子"的成长请杨老师一定要继续干班主任，有什么是家长能做的请尽管开口吩咐。

见全体家长都纷纷遂了我的愿"主动跳到水里"来，我便就势介绍了下自己以往的带班之道："理性爱每一个孩子。原则性问题，需要孩子遵守的规矩，来不得半点放任，必须严格要求；孩子表现出色的地方，也要毫不吝啬地肯定和奖励。终归，作为一个班主任，我要以一个放之社会能适应的原则去培育我所带的孩子们。""优秀班主任"的话自然是很有道理的，家长们纷纷点头赞同。随后，我指出了分班后短期观察所了解到的每个孩子的状态，先肯定每个孩子身上的亮点，然后指出了接下来哪些方面如果可以得到训练或纠正会更好。家长们更是用彼此间的低语交流来表示自己的心服口服——人家杨老师一眼就能看出咱孩子的问题。他们哪里知道，为了这番家长会，我可是提前四处拜访、全方位观察、做足了功课呢。

见时机几近成熟了，家长们"全力支持配合"的态也表得差不多了，我便对家长们提出了"小小"的要求："为了孩子们健康成长，也为了让咱们的班级尽快齐整有序起来，偶尔可能需要家长配合下我的工作，对孩子的要求也尽量和我保持一致，就一个目的——为了孩子的成长。""另外，一定要多沟通，没有什么问题是沟通解决不了的！"

就这样，我的班级管理工作得到了家长们的鼎力配合，什么样的帮助能让好动的孩子尽可能长时间地投入学习，什么样的陪伴有利于自闭的孩子尽早融入群体，什么样的严格训练可以让孩子身心得到康复……无须刻意要求，只要在随意沟通中把一点点建议加进去，家长们就会马上行动。毕竟，别的家长可都是"很配合很努力"呢，谁都不愿意让自己在众目睽睽之下信誓旦旦表的态变成别人眼里的"只说不动"。更何况，在这样的尝试与坚持中孩子的成长与变化确实是看得见的，这种配合的动力自然就更足了。

引学生"上钩"

如果说家长对班级建设的参与和支持是一种奠基工程的话，那么学生对班级生活的渴望、对校园生活的融入、对班集体制度的遵从便是一种关乎拔节与生长的事。我的心中纵有诸般班级建设的美好设想，也得学生愿意"上钩"与我共同赴约才行。

有自闭倾向的孩子心扉闭锁，只有长时间的碰触才可能轻轻打开一条隙缝；多动的孩子对外面的世界永远充满着好奇，除非教室里有足够的精彩才能留得住他们时时跃动的心；青春期的心灵里永远潜伏着不安分的情绪按钮，一不小心碰错就可能有想象不到的意外发生。在这几种类型学生的成长中，我必须用尽可能多的时间在教室里打造出一个有气场的成长焊接点，既便于管理，又能让成长中的心灵有所安放，让成长中的生命拥有勃发的力量。

为了让所有的孩子都喜欢共同生活的班级和集体，进而在班级群体的影响和浸润中不断修正自己的行为，我从三处着手为孩子们打造了有吸附力的集体生活。一是每天早晨精心为孩子们营造一段特别的相处时光：今天讲一个故事，明天出去做一个集体游戏，后天即兴编一首儿歌共同诵读……没有人知道下一站会有什么样的惊喜和精彩在等待着自己，每个人也都对明天的时光充满了憧憬和期待，甚至有些孩子还会献计献策，为第二天早上活动的开展提供建议。看似随性而起的晨间活动设计，其实都是我刻意通过不同的手段施的向心之力。二是为每一个孩子栽下一棵见证成长的绿植：孩子们自己选择想栽种的植物，自己观察养护，我负责提供技术指导支持。为了让孩子们将守护植株的成长如同守望自己般悉心，我巧妙地把每个孩子的名字与植物相结合来为成长命名，如成君是班上一个虎头虎脑的孩子，他种下了一株虎皮兰，那一盆就被命名为"虎虎成君"，小芳的含羞草在教室里迎着光亮散发着绿意，我就帮它起名"'芳'草青青"……与其说是种下了植物，倒不如说我是将孩子们不太安分的生命栽种到了更适宜生长的教室里，种植、观察、守望、拔节，无论是哪种类型的青春烦躁的孩子，都会在与绿色的自己相守相伴的成长中平和明朗了起来。三是不定时地发布"美丽成长"播报：谁在哪节课上因努力而出了彩，谁做的微小举动温暖到了他人，谁不经意间维护了班级的形象，等等，我或者科任老师都会在捕捉到后随时发布，并隆重地以投学生所好的方式进行"微"奖励，如奖励孩子与老师同桌就餐、把自己的行动和照片发布在公示栏里、通过学校广播公开表扬等。

在这样的班级氛围中，孩子有所期，有所向，不断地感受着集体生活的快乐和自我存在的价值，自然就鲜有管理上的麻烦。而我，只是一个根据学生的成长尺码不断地布局放钩的人，这样的钩，有情有趣亦有温度！

向搭档"示弱"

我始终认为，一个和谐班集体的建设除了需要有家长的助力外，更离不开科任老师的支持与合作。因此，在班级发展中，我始终都避免把自己变成唯一的管理者以及班级活动当仁不让的策划者，也始终都提防着尽量不让学科老师产生这样的认知——班级是你班主任的地盘，上好自己的课就是我所能做的事。班级发展是一个大盘，一旦我这个班主任和其他老师间缺乏沟通，缺少配合，班级管理就势必会失衡，并且会向着施力重的方向倾斜。

学科教师到底是谁呢？他既是某一门课程教学的执行者，也是孩子们成长路上不能缺少的引领者，更是我们在班级管理中最为重要的合伙人。一旦厘清这种关系后，作为班主任的我就要努力化被动为主动，以"示弱"的姿态适时抛出合作之枝。

首先，我会主动进行成长分享。课堂上孩子们字写得好，我会去感谢语文老师、书法老师对孩子们平时的悉心指导；操场上孩子们的体能素质有所进步，我会归功于体育老师和我一起用心的训练；手工制作中孩子们的表现抢眼，劳技和美术老师功不可没，是他们引发了学生的思维与创造……任何成长喜讯我都会敏锐地找寻到科任老师付出的痕迹并主动向他们汇报分享，这既能让他们感受到自己的专业指导价值，又是一种无形之中的心理暗示，在这种"全是因为有了你"的标签下，任课老师会真实地感觉到自己对这个班级良性发展的作用之大、对学生成长的影响之重……人人都以班级发展为中心，都以孩子们的成长为重心，一切沟通、分工或合作便都因为共同目标的牵系而有了温度，有了凝聚的向心力。

其次，遇到问题我会适时求助。我不是一个全能的班主任却要引领着孩子们的全方位发展，这时就要主动向其他老师借力。比如，班上的学生情绪出了些小波动，我就会找个机会邀请班上所有的学科教师共同分析原因，提供些转化办法；如果管理上有一些难以破解的问题，我也会诚心地把问题摆给大家看，让老师们为"咱们班"的发展支支招……这些微小的细节都是一种无声的昭示——我们是一个整体，班级的发展离不开你。更何况，有时候从不同视角审视后提出的办法确实能够更为有效地解决问题，在这种合力解难的过程中，也更容易形成群体间的理解、支持与合作的默契。

也许，当初我接下的那个班确实让许多人觉得散乱得无从抓起。可是，当我试着打通了班级发展的各个渠道，让所有的力量都向"班"而聚时，一座富有生命力的成长之塔却在用心经营下坚实地矗立了起来。新班，源于"心"的付出；成长，始于力的汇集。

巧拨妙引，借力群体规范引领学生健康成长

作为学校教育教学的基本管理单位，班级对于发展中学生个体的行为准则、信念价值都有着无声的带动与引领之效，可以说，这种功效的根本源于群体规范的力量。

平庸的班主任往往不能敏锐地捕捉到这种规范力量的存在，因此在面对学生成长的棘手问题、行为偏差、心灵失衡等现象的处理中，只能见招拆招，被动应对。而智慧的班主任却善于借力集体气场，巧妙转化引领，化被动应付为主动防控，在班级发展的土壤上弹拨出和谐的成长乐章。

让"从众行为"着陆正面朝向

细心的班主任不难发现：学生中间，不论在任何方面稍有个风吹草动，都很容易迅速演化为蔓延之势。一个孩子打游戏，慢慢地，班上就会诞生出个"游戏团"；一个学生不经意冒出的口头禅，说不定哪天就被一群人挂在了嘴边；餐厅边的垃圾筒里一旦出现了几块白馒头，很快就可能有更多块……如此种种，说穿了其实都是从众心理在作祟——你玩我也玩，你扔我也扔，不然好像我是个和你们不一样的另类，更何况这种情况下往往"法不责众"。

何谓从众心理？为什么这种微妙的心理状态竟然能对个体的行为产生那么大的影响呢？其实所谓从众，就是指个体受到外界人群行为的影响，而在自己的知觉、判断、认识上表现出符合于公众舆论或多数人的

行为方式。这种行为方式的显著特点是容易不加分析地接受大多数人认同的观点或行为，其产生的根源是群体压力。

既然从众心理能够导致班级中的不良态势滋长蔓延，班主任的应对转化能力就显得尤为重要。

有一次，在学校的集会活动中，班上有两个孩子交头接耳，抱着"杀鸡儆猴"的态度，我把两个肇事者狠狠地批评了一顿。谁承想，还没过两天，升旗仪式上这种行为竟在好几个孩子身上又一次上演了。几经反思，我才发现自己对不守规矩者所谓的严惩，其实恰恰是在无意中强化了这种行为，因为特殊学生对外界信号的接收常常是有趋利性地选择的，他们更多地捕捉到了"交头接耳"这一关键行为，而忽视了我的否定禁止之词。

在后来对班级问题的处理中，我就更加谨言慎行，遇到问题时尽量避开群体的负向影响，让"从众行为"正向着陆：有的学生作业没有按时完成，那我就去肯定认真完成作业的大多数；有的孩子课间操时爱你推我搡，我就狠狠表扬那些跟上队伍认真出操的孩子……调转了方向的效果自然大不一样，那些对正面的人物、正向行为的"从众行为"，让我的班级管理越发得心应手了。

用"赋权增能"强化集体意识

作为班主任的我们常常不能理解孩子的行为：你是班级里的一员，为什么就不能遵守班级规定呢？明明是集体的一分子，为什么就没有集体意识还动不动要给班级"抹黑"呢？老师的苦口婆心都是为了你们好，为什么这份良苦用心"熊孩子"们就是体会不到呢？

教育管理中有一种赋权增能理论，强调要尊重教师个体的主观能动性，赋予教师以政策制定和决策参与的权利，从而减少其在教育教学中的"无力感"，为他们在工作和生活中提供创造机会，增强自我的权能。大量研究证明，当教师个体能够参与到教育教学决策中并且成为实实在在的践行者后，能够对自身工作产生实质性的推进作用。

教师在被充分"赋权"后业务能力会进一步彰显，那我们的学生呢？他们是否更需要在班级中找到存在感和主宰感？答案毋庸置疑。于是，在班级管理中发现了某些共性问题时，我常常会召开主题研讨会，引领学生用头脑风暴的方式列出尽可能多的解决方法，然后由他们自己商讨确定最终的可行性方案。当拥有了自主权后，孩子们更乐于从有利于问题解决的角度来思考化解之道，找寻可行办法；当这些办法是经由他们的商榷后才最终产生的，大家自然乐得遵守和执行。

此外，在日常的管理中我也是大胆放权，鼓励孩子们以"量体裁衣"的方式推举自己的小伙伴在班级里担任不同的职务。有的同学喜欢收藏东西，班级就把他聘为小管家；有的同学点子多，大家就让他去策划班级活动；有的孩子沟通能力强，有外交联络事宜便由他出马……孩子们自己推选出来的"事务员"，必定比老师的直接任命更能服众；上任者是在团队的信任中得到了"提拔"，自然也就更愿意不负信任服务集体。更重要的是，在这样的放手中，孩子们的自主力得到了发展，班级的凝聚力得到了加强，每个个体都在集体的正向影响中昂扬地成长着。

以"标签效应"造就积极暗示

"说你行，你就行，不行也行"，这绝非一个搞怪的语言文字游戏，而是一种神奇的心理现象——标签效应。美国心理学家贝科尔指出："一个人一旦被贴上了某种标签，就会成为标签所标定的人。"

有心的班主任会发现，在学校教育中，某个孩子一旦被贴上了"差生""问题生"之类的负面标签，那么其他的老师、同学便都会自然而然地将这个孩子与标签所标定的内容画上等号。时间一长，孩子也就慢慢地被标签同化，真的差了起来，有了问题。同样，当班主任老师总是对着学生唠叨"你没有集体意识""你总拖大家的后腿""你总是不能遵守班级规定"之类的话，孩子们的潜意识里会不知不觉地就给自己定了向："我管它什么集体""我是来拖大家后腿的""我就是不能遵守那些乱七八糟的规定"……

既然负面的标签会让人朝着不好的方向转变，那么反过来，正向的标签也是能够使人转向光亮一面的。因此，每接手一班孩子，我都喜欢用这样的话来开场——你们是我见过最有活力的小家伙；每个清晨走进教室，我都会以愉悦的心情和大家分享我的感受——咱们班散发出的满是浓浓书香；每次组织集体活动我都尽可能送上我的肯定——你们真是一群自律的小家伙。

威廉·詹姆斯曾指出："人性中最深刻的禀赋是被赏识的渴望。"老师对学生的肯定与认可必定会在学生心中播下一颗信念之种，引领着成长中的生命为了坚定信念而不断地努力着。所以，在对班级群体的成长引领中，我更乐于为学生们贴上"正面标签"和"阳光符号"，以积极的暗示引领他们沿着我划定的航线一路前行。

如果说，班级群体规范是学生成长的定盘星，那么班主任就应该是一个会施魔法的造星人，巧拨心弦，妙引航向，用群体规范的度量之绳，牵系着每个学生走向更健康的成长。

有"度"沟通，推开育人的另一扇窗

积极心理学是美国当代著名的心理学家塞里格曼先生正式开创的，他倡导要以一种积极的心态来对心理现象和心理问题做出新的解读，从而激发学生自身内在的积极力量和优秀品质，促进他们的健康发展。在自己的班级育人和学生管理中，将"积极心理学"的理念融于细微、用于寻常，是我始终都在坚持的尝试。我也欣喜地发现，当面对孩子成长中的种种是非，如果教师能够转换视角看问题，理解问题，多些有"度"的沟通，就能更好地引领学生健康地成长。

放下高度，关照童心

一位年轻的母亲带5岁的女儿去参加派对，她以为热闹的场面、丰富的美食会令女儿非常开心。没想到，女儿却一直闷闷不乐，甚至生气地坐在地上，连鞋也甩掉了。母亲蹲下去给女儿穿鞋的刹那惊呆了：她眼前晃动的，全是屁股和大腿，而不是刚才看到的笑脸、美食和鲜花。她这才明白女儿为什么不高兴——她蹲下去的高度，正是女儿的身高。

小小的故事如同一面镜子，映照出了我们站立于教育中的姿态：与孩子相处，我们习惯了将自己置身于高高的讲台上指指点点，一副舍我其谁的架势；与学生沟通，我们也总是端着师者与长者的派头，惯于喋喋不休的说教。这样的姿态看似站得高了，望得远了，实则与孩子的距离拉开了，看问题的视线也模糊了。

我的班上，曾经发生了这么一件事：冬日下午第一节是户外体育活

动课，宇在厚棉裤外面又套了一条薄纱的半裙，这不伦不类的打扮让老师没忍住笑，指着宇说："这是什么奇怪的造型，真搞笑，快回去把裙子脱下来！"没承想，一言出口却如同点了把火，小姑娘先是冲着老师一通"不用你管，关你什么事"的吼叫，接着就一屁股坐在冰冷的地上，任谁叫谁拉就是不肯起来。

以成人的视角去看宇的行为，确实不可理喻。可如果弯下腰身，我们一定可以看到自己年幼时，偷穿妈妈的高跟鞋或盯着隔壁阿姨漂亮裙子眼都不舍得眨的窘样。"孩子，这个白裙子可真漂亮，联欢会上你要是穿着它跳舞肯定就是个小仙女。快起来，让我好好看看，正发愁你演出时穿什么呢！"我边把心里的想法传递出去，边向孩子伸出一只手。小姑娘略显犹豫地看着我，当捕捉到我直达眼底的笑后，终是抓住了我的手借势站了起来，乖乖地跟着回了教室。此时，当我再告诉孩子"怎么着合适的衣装才好看"时，小家伙自是欣然接受。

成长中的孩子，内心都有根纤细的弦，老师如果不得其法，站在高处大力弹拨，很容易弦崩音断。班级管理中，班主任只有放下高度，拉近距离，与学生的沟通才会有爱而无碍。

恰当的高度不难调节，就是我们弯下或蹲下腰身后，能与孩子面对面地互诉心声的那个高度！

站对角度，聚焦亮处

同一处风景，站在不同的角度看，就会有不同的收获与心情。同理，学生的行为问题，从不同的角度去审视，就会有迥然不同的体悟。课堂上的失神，是孩子不愿听不想听还是根本听不懂？课间的争斗，是学生本性顽劣还是被激怒后的还手？错误的发生，是有意为之还是无意犯下？……有时候，只要我们将角度稍稍偏移，心境就会大有不同：原来，从另一个视角去看，孩子的行为根本就没有那么荒谬离谱，甚至情有可原。

我曾经写过《那一瞬间，我庆幸先捕捉的是光》这样的一篇文章：那天傍晚，走廊里的一片嘈杂引起了我的关注。"想挨揍了是不是？看我怎么收拾你，赶快站住！"这个声音我很熟悉，是邻班一个叫君的大胖女生。提起这个女生，我总会感到说不出的头疼——嗓门大，经常和老师顶嘴，爱欺负小同学，偷拿别人的东西……在她的身上，我时常会感到作为教育者的无助和无力。刚想出声去呵斥，却发现那个身形庞大的家伙一边冲着一年级的"小不点"骂骂咧咧，甚至还有想动手打人的架势，一边又吃力地蹲下自己笨沉的身子，帮小同学系鞋带。这猝不及防的一幕竟是散着奚落责骂的沉郁却又透着有情有温度的光亮，我意识到自己从不同角度去处理，将会带来截然不同的结果甚至后果。

"君，升入八年级，真能看出你变成大姑娘了，这么热心地帮助小妹妹！"我这样开口。君抬头看了看我："杨老师，这个小妹妹可真讨厌，鞋带开了还不会系，摔倒了怎么办？"只要稍稍用心，我们就不难听出她抱怨里的担忧，我回道："她刚上学，很多事都不会做，幸好有你帮忙。"

那天恰好我值晚班，晚饭后，学生们都像往常一样主动排好队，君却直奔那张放有我东西的餐桌而去。她小心翼翼地把几本书整齐摆好，紧紧地抱在怀里，然后又腾出一只手来提起了我的便利袋，晃着胖胖的身子向外走来。当我伸手想接过东西时，她说："杨老师，我来吧，您工作一天已经够累了。"说着，怀中的书被她抱得愈发地紧，还不停提醒同学们走路要排好队，别打闹。到了活动室，她又一样一样地为我把东西摆好，甚至还细心地把书翻到了我做标记的那一页。

这还是我们所认识的那个无礼、粗暴的女生吗？整个晚自习，她不但出奇地遵守纪律，还化身成了小助手主动帮着维持秩序，临睡前还柔柔地对我道了声"晚安"，是什么样的力量催生出了这神奇的转变呢？毫无疑问，就是傍晚在她的"骂人"和"助人"之间，我果断地选择了后者，肯定了她的那抹善美之光。

文末我这样反思：在那一刻，如果我只捕捉了她骂人的劣行而没能看到她助人的闪亮，任批评劈头盖脸地泼洒，那抹微微浮现的光就会彻底地熄灭；如果我处理不当，先批评她的不足再肯定她的助人，那颗已然遭遇击打的心也不会漾起多大的波澜。还好，那一瞬间，我先捕捉到的是她的助人之光。

再顽劣的孩子都匿了颗朝向美好的心，再糟糕行为的背后或许也都藏了一抹光。为人师者，我们很有必要做一名善于捕捉光的人。可能，觅得一束光，照亮的就是一颗颗成长中的心灵！而我们能做的，无非就是站到可以看到孩子的美与善、看懂内心真正朝向的那个位置。

转个弯儿，巧妙化解

法国盛产葡萄，有一年丰收，采葡萄的工人紧缺，很多葡萄园主请不到工人，只能看着熟透了的葡萄束手无策。但一个叫皮尔斯的葡萄园主却没有坐以待毙。他来到城里一家报纸刊登了一则启事："只需每天20欧元，如果您想体验亲自采摘葡萄、酿造葡萄酒的乐趣，请速与皮尔斯联系。"结果，许多客人纷至沓来。他们以付给皮尔斯每天20欧元的价格，摘下皮尔斯所有的葡萄，还热情高涨地完成了整个酿造葡萄酒工作。同样是葡萄园主，皮尔斯只不过让思维转了个弯，不但将葡萄全部采摘完毕，而且额外赚了一笔。班级管理工作中，面对学生的错误时，如果一味地说教批评不能奏效，那么，何不学学皮尔斯，让批评也转个弯呢？

之前我中途接手过一个班，那个班经常发生丢东西的事件，拿别人东西的是班上一个因脑瘫而行动不便、但智力没有什么问题的男孩。在与前任班主任的交流中，我得知她试遍了所有方法，可孩子就是软硬不吃，改不了偷拿的习惯。

走马上任后，我留心观察了这个孩子很长时间，发现他自尊心强，非常渴望得到别人的关注，同时也发现当别的同学受到批评时，他常常幸灾乐祸。自己多年班级管理的经验及心理知识的研究，让我很快便理出了头绪：这个敏感好胜的孩子希望得到老师多一些的关注和喜欢，但他自己行动不便、不能清晰表达，身上总是脏兮兮的又不那么讨人喜欢，长期被忽视后就有了一种"你们不好才能证明我好"的扭曲心理。频繁丢东西的起因或许也恰恰在于此，因为当听到谁没看管好自己的东西后，冲动的班主任总是先责备孩子自己不会看管，再去"破案"。

几番思索后，我决定"转个弯"试试：抓住孩子渴望认同、渴求关注的心理和喜欢看管东西的特点，让他担任分管班务的小班长，负责监督同学们看管自己的物品，并不时地对他的工作进行点评肯定。从那之后，班上丢东西的现象再也没有发生，之前丢失的东西也被小班长"很负责"地找了回来。

总有个别孩子的行为是难以掌控的，我们再多的努力也是枉然。但是，读懂心灵，适当地转一个弯儿，或许就可以撬开缝隙，找到化解问题的破冰点。

积极是一种最美好的教育态度，只要身为教师的我们愿意找到那个恰当的"度"，就可以让成长的心灵之窗澄澈、明亮。

从"博物"到"博悟":"穿针引线"助成长

博物馆以其丰富的馆藏资源、相对集中的展出模式以及真实的原貌再现,将一段关乎文明或发展的历程娓娓道来。这样的场所,既承载着历史的厚重,又记录了时代的变迁,既聚焦重要的历史发展节点,又串联起了漫长的时空主线。可以说,于德育而言,博物馆就是一本鲜活而立体的教科书。

而近年来,上至教育顶层设计,下到具体班级,都意识到"多知少行"的模式不足以支撑学生的健康成长,研学旅行、社会体验、志愿服务等以"行"为主题的活动便层出不穷。作为人类文明珍藏的宝库,博物馆自然成了学校育人的重要基地。但走近历史并不等同于拥有丰厚的触动与收获,走进博物馆也并不意味着就拥有了开阔的博"悟"之效,在走马看花式的"观"与信步而行的"游"中,那些散乱的见闻碎片很难串起系统的知识珠链,那些无目的、无头绪的收获也会很快沦为记忆里的浮光掠影。

故而,无论站在学校教育层面还是班级管理立场,班主任都是最重要的"穿针引线"人。要想借助博物馆丰富的资源优势予学生以心灵上的补养、德行上的启迪,架起一座优质的成长桥梁,班主任就得是一个高明的布道者,既看得清那些丰富藏品身上的时代亮点,也摸得到学生成长心灵中的敏锐突触点,更瞅得准物与人之间建立关系的显性连接点,以"三点一线"式的通联,触"物"生"悟",铺就一条顺畅无碍的成长之路。

不打无准备之仗——让参观有"重点"

在组织博物馆的观摩游览行程时，不少班主任往往都抓错了点。出发前，他们会对时间、地点、纪律做事无巨细的交代；行程中，他们会再三强调规则与注意事项；观游中，他们的目光又紧紧盯在学生身上，生怕一不小心便有了什么差池。这样的一种"观"，班主任可谓做足了功课，盯防严备，但我认为它是一场没有准备的参观——哪里人多去哪儿看，看来看去学生也不知道收获了什么。

这是一座什么样的博物馆？是历史的、科学的、艺术的、专门的还是综合的？走进博物馆我们应该了解什么？珍稀古迹、科学成果、艺术藏品还是重要历程？馆藏如此丰富，重点看什么？珍稀的出土文物、智慧的成果发明还是大师名家的真迹、历史事件的节录……这些简单的指点虽然只是一段小前奏，却向学生传达了一种重要讯息：要观什么，得怎么观。

以我近期带听力残疾的学生参观的荣成博物馆为例，观游路线和时长由学校统一设定，但是活动之前，我却与学生一起查询了大量资料并以此为据制定了详密的参观计划。这座占地56100平方米的综合性博物馆有大小展厅30多个，如果没有参观重点，那么3个小时的时间将大多消耗在匆忙地赶行程中——让学生确定自己感兴趣的"观"点很重要。带着这样的任务，学生对搜集到的资料做了进一步梳理：博物馆内分为世纪荣成馆、秦汉文史馆、民俗馆、郭永怀事迹陈列馆、名家书画作品馆等7个大型展区。几经商议，大家决定这次参观只去秦汉文史馆、民俗馆和郭永怀事迹陈列馆。

即便参观范围缩小了很多，但是要想让这次活动有所收获，还需要班主任下点"重料"：第一，秦汉文史馆展示了秦始皇、汉武帝东巡至成山头祭日的史实及留下的历史遗迹，这份重要的史实记载来自哪里，你能在这份远古的文明与当代荣成渔乡风情间找到怎样的联系？第二，对民俗馆内你见过或者想了解的物件、生活场景进行详细调查，回来后在班级举办小型的民俗知识分享会，一起做幸福生活发展的见证人。第三，作为我国近代力学事业的重要奠基人，郭永怀先生的哪些事迹最能打动你，从中你又有什么样的触动与收获？这样明确要求的"观"，有看点亦有重点，无须费力就能让学生在专注与投入中拥有良好的观摩秩序，收获心灵需要的营养，让思想得以触动和升华。当然，要实现这种有重点的"观"，就需要班主任做一名富有前瞻性的引领者：自己先要看得远，厘得清，知道得沿着一条什么样的线去引领学生，才能于纷繁中聚焦，也能于庞杂中提炼。

不做无目的赏游——让藏品有"亮点"

在博物馆内，如果学生只是看到一件静态物品，知道它的色泽、质地、用途，这样的参观依然是平面的、死板的，难以在心头留下印记。有价值的观摩应该是这样的：所见未必很多很全，毕竟谁都不可能在短暂时间内把众多信息统统装于脑海中，但那些有限的见闻，一定是富有价值的，如同夜空中那几个最亮的星星，能让蒙昧的心头闪烁着莹莹的光亮。具体而言，如何让场馆内那些久经时光、静默多年的藏品富有亮度，将深藏的育人内涵外显出来？班主任需要做一名巧妙的激活者，赋予那些藏品以灵性和生命，必要的时候还得让藏品"有话可说"。

在民俗馆的参观中，一辆木制的独轮小车吸引了学生的目光。"这是什么？长得好奇怪呀。"这些"00后"城市学生早已远离乡村劳作，对几十年前的生产用具显然是陌生的。如果我只是简单回应"这是小推车"或"以前农村要经常用到的运输工具"，这样的解释并不具有什么入心的教育意义。"这是以前运东西的小车呀，我小的时候在这种小车上可栽过不少跟头呢！"我连忙接过话来。学生一听，这个造型奇特的家伙居然还和我的童年有着密切关联，自然兴趣倍增，都围上前来央求着我讲"老师与小车的故事"。

"小时候要是想坐小车，爷爷就一定会让我和弟弟一边一个坐着，知道为什么吗？""老师不敢自己坐吧？""不，是不是一个人坐上小车就更不容易保持平衡？"学生叽叽喳喳地争论着，有的学生悟到，一个轮子的车，要推起来最大的难题是保持平衡，那个时代，要用这样的车来运输所有的生活用品，该有多么不易呀；有的学生意识到，和我同龄的父母，甚至自己的祖父母那一辈人，身上肯定也会有更多关于那个时代的回忆和印记。回家茶余饭后的交流中，三代人之间也就有了更多的谈资。这种于共鸣中的交融，于时空逆转中的解悟，能让学生深刻体会时代的发展与变迁，懂得现在的美好生活更需要用心去珍惜。

我常常想，如果那一次没有及时回应，而是任由学生去想象、猜测，那辆破旧的独轮木车对于他们来说，就只是一个奇特的造型，一个没有生命力的过眼云烟。无论观还是游，班主任都需要用敏锐的洞察力捕捉学生的兴趣点，然后在兴趣的助推下，让每件静物在他们的生命中鲜活起来，灵动起来，成为点亮心灵的一抹微光。

不收无回顾之尾——让交流有"热点"

见识了太多这样的参观游历：活动随着走出博物馆的大门、安全返回学校便戛然而止。学生的所经所历，除了一场兴奋与片刻自由再无其他。其实，博物馆教育是学校教育的重要补充。如果说，在学校习得的知识需要时时回顾，那么这样的一场观摩旅行也绝不应该"虎头无尾"。每次参观后，我都会结合所见所闻为学生安排一场别开生面的"热点"交流活动。

荣成博物馆参观结束后的回程中，学生对于秦皇汉武居然都东游到荣成"观海祭日"感到格外兴奋，我便让他们就"祭日"这一话题展开讨论。有的学生认为，古人对于自然有着发乎于内心的崇尚和敬畏，值得我们学习；也有学生认为，他们用祈祷祭拜的方式寻求外力的庇佑，是迷信的表现；有的学生觉得，这样的举动和荣成渔民在谷雨时分敬海有着相通之处；也有学生觉得，他们祭拜的是"天尽头"的鬼斧神工……在不同观点的交流与碰撞中，一段远旧的历史正穿越时光，逶迤行来，是多少文字的描摹与口舌的解说都无法触及的感悟。

也有人不无担忧地问，参观博物馆毕竟是一次规模不小的集体行动，难道你都不用为学生管理、秩序维持而伤脑筋吗？我想，一个智慧的班主任，当她让学生的每次行旅都有迫不及待的看点，让学生的每次驻足都有虏获心灵的亮点，让成长路上的每段经历都洋溢着满满期待的热点，学生的一言一行、一举一动都将牵系在这三点连成的线上，又何忧之有呢？要牵好这条触动心灵的成长之线，从历史到当下，从"博物"到"博悟"，需要我们站在实处，朝向学生的成长那方！

以"放飞式"体验引导学生走上理性消费之路

教师们对校园里的种种奢靡忧心不已,却对如何引导学生理性消费、合理支出满腹踌躇,总感觉很多方法很难奏效。细细回观,如果我们对学生的财富观或者消费方式的教育采用苦口婆心式说教劝诫,故事加道理式轮番轰炸,又或者严防死守式看管控制,看似招招都指向问题,但施教过后又总觉得不痛不痒,对学生消费观的影响微乎其微。

要对症下药,首先得认识两点。一是对学生非理性消费的恰当归因。现在的学生均为后"00后",大多在父母精心搭建的温室中成长,缺乏生产性实践体验,难以体会财富背后的付出与辛苦。在这样的背景下,学生很难建立对金钱的珍惜心理,这是校园消费奢侈现象的根本源头。二是控制型教育理念对教育行动的制约。当教育收效甚微时,有些教育者首先想到的是加大教育力度,增加纠正频次,却忽视了这种教育失败的根本在"控制"。太想控制学生,总希望把他们消费的理性之线牵在自己手里,让学生按设定的轨迹行消费之事,也屡屡在失败中感叹教育的匮乏与无力。改变这一状况的关键在于逆转教育思维——大胆放手,让学生体验社会生活的不易、财富金钱的难得,以切身的触动与体悟为自己的消费行为纠偏。

在真实的体验中品尝生活的滋味

我常常思考:我们的学生是在蜜罐里成长的,可他们真的了解生活吗?知道真正的生活是什么样的吗?衣来伸手,饭来张口,想要什么都会被满足，甚至被过度满足，那种生命状态不能称其为生活，而只是富足地活着。真正的生活是一种生命置身其中的体验，是一种以身践行的活动状态，更是一种"放飞式"的自主成长。

2018年年初，我到河南开封求实中学专访了张建平校长。访谈中，张校长介绍了学校的传统活动：每年，求实中学的学生们都会分成多个小组，进行几次在城市独立生活的体验，既有在开封小城里的独立谋生尝试，也有在郑州、上海等大都市的独立放飞。活动前，学生们会在学校领到10元或者20元生活费，然后结伴出行，在城市里独自生活一天。

在这样的生活体验中，学生们即便把钱掰成两半，也难以满足一天的基本生活需求。于是，他们便用自带的矿泉水瓶接免费的水喝，挨着一家家店铺询问是否需要打杂或干零活，只要管饭就可以，还要算计着如何乘车最省钱，如何才能在晚上活动结束的时候顺利返回……张校长的初衷是希望学校培养出来的不仅是"学"生，还是能在社会上独立生存的人。她说，几次活动下来，再也看不见垃圾桶里大块的馒头，水槽中"哗哗"流个不停的自来水了。知道每一分钱都来之不易，寒暑假，学生们便有了更丰富的过法：卖菜赚零用钱，收废品为自己买书等。求实中学的"放飞式"生存体验，给我们的消费教育启示是：教育学生合理消费，唯有立足多样的生活体验，才可能转化为学生自发自觉的理性消费行动。

成长是什么？周国平有一段文字是专门写给年轻人的："你必须独自承担岁月在你的心灵上和身体上的刻痕。"成长，是一种担当，一种历练，更是一种身心与共的投入与体验。成长中，经历一些风雨，树干才能茁壮；有过一些磕碰，生命才会有痕。我们的教育，无论是文化的传播还是技能的传授，无论是价值观的引导还是消费观的培养，都过分关注了"教"的灌输和"育"的呵护，却唯独少了放手让学生自由飞翔的勇气。

放飞生命，让学生自己去体验生活的甜与苦，自己去实践消费的量与度，方能建立正确的消费观念，"量入为出"地安排支出，形成对财物的基本认知。在此基础上，如果能够让学生在劳动中体验到财富创造的艰难，并在创造中获得幸福感和成就感，将会提升学生理性消费的水平和能力。

以动手劳作达到触动心灵之功效

如果说，"放飞式"的活动尝试是帮助学生树立合理消费观念的枝干，那么动手操作则是这条枝干上必不可少的鲜活芽叶。

有段时间，我也总为班上学生的浪费行为伤脑筋：没用多久的书皮说扔就扔，精美的文具说不要就不要，不合口味的食物眼都不眨一下就扔进垃圾桶。聊天中，谈及这种现象，学生们也是满脸的无所谓："我有很多呀，脏了旧了就扔了！""只要我要，家长就会给我买新的。""爸爸妈妈会主动给我买各种玩具和零食。"……种种不在乎的背后，都透露着一种讯息：一切都来得都太容易了。何止学生，成人世界也有种通病，全然不费功夫得来的东西，总是显得廉价甚至一文不值。问题的原点也应该是化解问题的破冰点，要转变学生走入偏差的价值观和消费观念，或许我可以由此入手。

在找寻与思索的过程中，我想起自己小时候的生活：到处搜集有图案的包装纸，用来给自己的课本制作精美的"外衣"；用粗大的鹅毛做成简易的蘸水钢笔；和小伙伴们动手制造玩具。虽然没有富足的物质条件支撑，但那样的成长充满乐趣，那些动手制作出来的小玩意儿永远是一个孩子心头的至宝。可不可以让学生们多一些动手的尝试，在劳动中体会到一切物品的来之不易，进而养成正确的消费观念呢？

带着这样的想法，我在班级开展了一系列尝试：以动手制作书皮为代表的学习用品系列制作，以亲手制作风铃、卡片为代表的精美礼品系列制作，与家政课相结合的烹饪美食系列制作……尝试中我也欣喜于意外的收获：学生们对自己动手制作的东西格外珍惜，也更有成就感。借着这样的机会，我再向他们亮出"正确消费"这把剑时，就很容易让他们有触动、有收获。学生们会明白，自己动手做一件简单的物品都那么耗费时间和力气，以前那些说扔就扔的成品更是要经历数不清的工序，那种行为是错误的；他们也会懂得，并非高价买来的东西就一定是好的，自己劳动得来的更富贵、更有意义。行少言之教，在动手操作中收获的却是直触心灵的鲜活功效。

我一直觉得，对于学生正确消费观念的培养与教育，我们做了什么，付出了多少都无关紧要，最重要的是我们做对了多少。放开手，让学生多在劳动中体验，然后把这样的体验内融于心，外化于行，是我们能做到的，也是行之有效的。归根结底，对学生理性消费的引导，需要学校、教师创设条件，给他们以丰富的生活体验，更需要家长以身作则，做好学生成长中那面闪光的镜子。为人师者，为人父母者，如果以爱的名义包办一切，学生们就会失去成长的内在动力和负责任的能力；如果以爱的名义如影随形，就会剥夺学生自主的生命空间，让他们在被关注中喘不过气来。在这种关得过紧、爱得过度的氛围中，又怎么能期待学生价值观正确、消费观正常呢？

放放手，所有的放飞其实都是成全。

在融与聚中凝练出和谐的成长音符

非正式的学生小团体是班级发展过程中极易出现的产物，它的存在于班主任的管理、于班级集体的发展而言可谓是一把双刃剑，既可能是学生个体身心成长、健康拔节的催化剂，又可能是不良风气、负向影响的滋养场。

作为班级发展的主导者，班主任必须正视班级里非正式团体的存在，并敏锐地去探寻、查证成因，然后再以适切地引领转化巧妙弹拨出和谐的班级发展音符。

揭开班级非正式群体形成的面纱

到底是什么原因导致在正式的班级大集体中形成了不同的小群体呢？其实，这个谜题更需要从孩子生命成长的原生环境、从充满可能性的发展行程谈起。导致学生于常规之外结群而聚的主要原因有以下三点。

一是家庭氛围中爱的缺失。在孩子的成长过程中常会有这样的经历：要么父母忙于工作或关系破裂，导致孩子的情感需求无法被满足；要么监护者人虽在场，但心却早已离境，使孩子的世界缺乏关注与回应；要么家庭教养方式简单粗暴，孩子时时处于被否定、被抛弃的恐慌之中。凡此种种，都会让成长的心灵缺乏亲密接触的体验和被爱、被呵护的温暖，于是，孤单的灵魂极有可能用自己有限的人生经验来安抚、补偿缺失了或疏离了的成长记忆。由于生活交际圈子被限定在了校园和班级这样的范围里，自然而然地，这些在家庭里得不到关照的心灵就会在班级中找寻同类项，填补自己情感的缺口。

二是班级教育中管的强势。身为班主任，有时候我们会惯于以自己过来人的"成熟"经验要求、教育孩子，甚至试图把一套自以为正确的信念、价值观强加给孩子。这样的教育其实已经变成了一种成年人对孩子的独裁统治，成长中渴求自由的心灵自然会以各种各样的方式去逃避、去抗争。当不满的反抗被积聚起来，一个消沉而溢满负能量的小群体就极有可能在班级中形成。

三是成长过程中趣的聚拢。"物以类聚，人以群分"，在人际交往关系的形成与发展中，相同的趣味爱好、类似的天性禀赋、接近的价值观念等，都更容易在彼此的心灵间引起共鸣，生发吸引。班级群体中，因趣相投、因味相近而形成的小型圈子尤为常见。这样的圈子可能是成长路上动力的催生地，也可能因为导引力量的缺失而走向过度沉迷的境地。

当把班级当中这些非正式却极有可能影响长远的团体成因一一探源，揭开重重幕纱后，才能够立足于和谐发展的基石上去修补转化，进而让成长步入和谐的轨道上来。

以融与聚的方式对非正式群体进行转化

从积极的视角来看，班级中的非正式团体既能够对成长中的孤独、情感交流缺失等现实问题进行有效缝合修补，促进心理诉求的表达，提升交际能力，也能够通过同伴间的影响、支持、带动而走向良性发展之路。但另一方面，一旦这样的群体价值取向偏离，就有可能把大的班集体肢解得支离破碎而带来管理上的障碍，还有可能因为帮派问题、排他问题等形成狭隘心理，束缚个体发展，破坏班级氛围。

因此，智慧的班主任更需要对班级中非正式的小群体理性引导转化，既能让小群体融于大的班集体，又能让它重新聚拢别样的能量与活力。

(一) 以"看见"去修补爱的缺失

身为教师的我们如何去看待孩子间存在的非正式团体,其实取决于我们和这些孩子的关系。当老师以管教者、教书人这样的身份去要求学生时,师生间的沟通就会冰冷而生硬,那些缺失了爱的孩子便会愈发抱着团地走向班级的边缘。

一位真正的教师,应该看得到每个个体的存在,懂得在孩子渴求的地方撒几抹阳光。曾经,我的班级中就有一个被称为"四大恶魔"的小团体,个个都是捣蛋大王,班级集体活动时他们怪相百出,安静的课堂上也不时做些出格举动惹得课任教师大发雷霆。

细加探究,我才意识到这是几个"爱缺失"的孩子,由于在家庭中没有得到足够的关注和情感呵护,在班级里就愈发渴求有人能关注。但他们几个在与人交往时的通病都是不得其法,简单粗暴。于是,家庭沟通缺失造成的不善交流又直接在孩子的班级交往中产生影响,导致被排斥、鲜有同伴。最终,几个都渴求关注却又交际能力不足的孩子被冷落到了大群体边缘,进而就生发出了一个特殊的小群体。

面对这个不被兼容的四人小群体,我在班级管理中仅仅加了一味"看见"的药,就让问题缓解许多。哪天精神面貌有了新气象,我肯定会细心地捕捉到并加以肯定;哪天他们和小群体外的同学有了良好地互动,我必定做好助推者让这种并不多见的交融愈发和谐;哪天又惹了祸招了麻烦,我也尽量不以"非白即黑"的评价模式来给他们下论断,而是先以同感之心予以理解,再为他们指出更为妥当适切的交流或者宣泄方式……我这样的包容和接纳,也对班级大集体产生了无声影响。慢慢地,大家的排斥和疏离自然而然也就消失了,几个迷失的孤雁自然也就在集体的接纳与老师的引领中得以回归与融入。

人类的情智只有在关系的情境中才能得到良性的发展。在这场关系的构建中,最重要的不是我做了什么,而是我以什么样的姿态来做的。

当我的"看见""接纳"清晰地呈现在班级成长的桌面上便足以消除大集体中的排他现象，疏离的群体自然就得以回归。

（二）以"放手"去彰显每个孩子的潜能

曾经听到邻班几个学生的议论："我们的那个班主任就是法西斯，好像她的话就是真理！""嗯，我也讨厌他，从来不相信我们是有能力的……"当对班主任老师这样的抱怨、不满聚拢时，班级中便会滋生出一个因为共同的排斥而"同仇敌忾"的非正式团体。这样的团体，足以让一个班级里时时充溢着负能量的气息。

歌词中唱到"有一种爱叫作放手"，但在班级管理这块土地上，许多老师恰恰是因爱而不肯放手的。就像我的邻班，班主任每天早上总是第一个到校，班级事务中时时处处都看得到她忙碌的身影，但孩子们却毫不领情，甚至因此而凑到一起发牢骚。我试着和她交流，建议许多事放手让学生去做，班级事务不妨尝试由学生自主管理。结果换来她满脸的愕然并连连否定："不严格管理怎么可能有好的成长？一群特殊的孩子懂什么，又能干成什么事，怎么能放任地去相信呢……"

攥得太紧的拳头其实是留不住一把沙子的。后来当因工作需要由我接手那个班级后，我便试着让自己做起了"无为"的班主任。"同学们研究一下合作学习小组怎么样划分才既方便又合理。"当把我的"难题"抛给学生后，孩子们反倒兴致勃勃地研究起来，并最终给了我满意的分组方案；"你们几个把元旦活动策划下，老师全权配合你们的安排与调度……"当看到他们的特长并把重任委托给那些曾经因满腹抱怨而聚成团的几个孩子后，在充实的忙碌中他们的那个负能量满满的小团体自然也就被瓦解了。

此外，我也着力在班集体的重新建设规划中，为每个孩子找到他们自己的位置发光发热。在一个"人人有事做""人人都能感受到自己独特价值的群体中"，充实的状态会冲散因不满而聚拢的群体，个性优势的彰显也会避免因无所适从而盲目成伙成团。

罗恩·克拉克是美国的明星教师。他认为，当你走进教室，如果你"看到"的是一班违反纪律和有学习障碍的孩子，那么你肯定会变得手忙脚乱。而如果你"看到"的是一班律师、商界精英、艺术家和总统，那么你就会自如地以你的方式塑造一班高度自信、并对成功有着自我期待的学生。身为人师，当我们以善于发现的眼睛去关注潜能发展、关照个体成长时，这种眼光便足以化解聚伙成患之忧。

（三）以"助推"让非正式团体聚出风采

因共同的特长爱好相聚而成的小团体，或许会是一种能量的激扬，如因学习研讨、因阅读交流而产生的群体；另一方面也可能会是"祸患"的蔓延和加重，如追星、追剧或网络游戏。这样的群体爱好，既无法生硬地干涉阻止，又不能有什么好办法轻易地将兴趣移转。几经思量，我决定做兴趣的助推者，让他们因聚而生出别样的风采，进而成为正能量的释放者。

班上有几个网迷天天在自己的小圈子里互发各种抖音视频，反复地旁敲侧击，多方地问询探听，我发现他们对类似变魔术、做个小实验类的视频分外感兴趣，比如，如何让扑克牌立起来，怎样让纸飞机飞得远，自制弹力投石器……这些看似神奇的绝活儿里不正蕴藏了许多利于孩子们成长的科学知识吗？我也试着用我的方式诱惑他们："你们说，在什么样的盐水中鸡蛋才能浮起呢？要怎么样操作这个实验？有没有科学根据呢？……"借着这样的追问去引发他们的思考和探究之余，我也告诉孩子们，老师对他们这些小科技、小实验非常赏识，想邀请他们利用钉钉直播给全市的孩子们上一节科创实践课。

为了打造好这场直播秀，孩子们选出了解说员、操作演示员、资料搜集员、视频网络技术总监，正儿八经地成立了直播小团队。本着让实验制作有理可循的念想，他们通过网络、书籍查阅了大量的科学依据；为了让团队的解说浅显易懂，他们一遍遍地修改背诵着解说词……第一场钉钉直播"谁的飞机飞得远"吸引了近百人参与体验。

当所有人都对孩子们的网络直播首秀表示祝贺时，我趁热打铁，和他们一起商定为这种视频专场命名为"i 科创"，并邀请美术老师设计了品牌标志，确定了每月两场以科技制作发明为直播主题的网络讲坛。为了备好课，这几个沉迷网络和视频的男孩华丽地转了身，开始痴迷于科技制作和其中的理论研究。在全市举行的中小学生科技发明中斩获头奖后，他们也是愈发地享受自己动手制作并带领他人实践的快乐了。

更令人欣喜的是，在"i 科创"兴趣小组的启发和带动下，其他的同学也自发组成了许多集探索、学习、交流于一体的班级成长沙龙，如"悦读悦写""英语广角"等，这种非正式的小团体因为有了我这个班主任的正式引领，而形成更多有意义的积聚。

班级中，非正式小团体的产生在所难免，最终决定其何去何从的还是班主任的引领转化能力。身为班级发展的领路人，我们唯有找寻源头与契机，才可能让小团体融于大集体，让非正式的聚合生发出大能量，最终弹奏出班级和谐发展的动人旋律。

别样奖惩，打造成长的创意营养餐

班级管理中，有种现象必须引发我们的思考与关注：当以物质上的刺激或口头上的赞扬来对学生的行为进行奖励时，这种直击结果的落脚方式到底能持续多久？当新奇褪去，这份由教师主观臆断设置的奖励是否还具有触动心灵、激活能量的功效？

与此相对，当我们用粗暴斥责或严苛约束之类的罚处方式以期帮助学生纠正错失之时，真的就能得偿所愿吗？孩子们会不会对单调的说教早已产生了免疫，抑或被缺少教育机智的惩处生生磨平了成长的棱角？

答案是肯定的。班级育人中，奖与惩都是必不可少的教育手段，也都是极容易被智慧和灵动所忽视了的地方。如何让奖有新意，助力成长，让惩有创意，服务成长，是我在班级管理中所思考的。

奖励"点单"，让主餐养生扬个性

一次去餐厅就餐的体验给了我别样的启示："蚂蚁上树""金玉满堂""全家福"等新鲜又显喜庆的菜名，总是格外吸着人迫不及待地去品尝。更重要的是，菜单虽林林总总，但选择权却在客人手里，因为"我选择"，所以"更喜欢"。如果能把这样的点单模式应用到学生的奖励当中去，一定会大有文章可做。

说起来容易，但行起来却很费思量。首先这份奖励单的内容设置肯定是要与学生的兴趣点能有效对接的。对此，我一方面结合自己对孩子们的观察和了解列单，另一方面也专程与孩子的父母进行了多次沟通，对孩子们的长处、缺点、兴趣、特长等等都做了相对详细的调查,最终罗列出了一张班级奖励可以切入的清单,内容包括:打一场网游、来一次野炊、与老师(包括校长)约饭、自选班级VIP座位、向你最喜爱的人约一份礼物等。

列一张单,用这张单上的项目对学生进行奖励、刺激简单易行。但如何把这种奖励方式的教育功效最大化地发掘,绝对是值得更加细化深入的。对此,我为每一个奖励菜单都配备了专门的使用说明。就以"打一场网游"这项孩子们最喜闻乐见的奖励为例,我配备的说明是这样的:恭喜你,亲爱的同学,你以自己精彩的努力赢得了本次酣畅游戏的机会。走进游戏后,有以下几项功能等待着你用更强大的能量去开启:①针对你所玩的游戏写一份详细的介绍报告;②通过你自身的游戏体验,完成一份游戏攻略说明书,为其他游戏参与者的神攻助力;③会玩者,以游戏愉悦身心;不会玩者,往往容易沉迷,请结合你的切身体验,完成一份"健康游戏"导航指南,予他人启示引领……以上功能,你可以任选其一。

这样的设置,孩子们所开启的就不仅仅是一场简单的游戏,而是以游戏为契机,激活了自身的学习分析能力和探研梳理的能力。于是,班级管理中传统的缺少延续性的奖励模式被打破,孩子们的个性在这种"点单"式的奖励中得到了关照,孩子们的能量被多样化的奖励活动设计无形地激扬。沿着这份奖励菜单,成长过程中的多种惊喜和可能都可以萌芽生成。

惩罚"转盘",让辅食新奇补欠缺

对于成长中的生命个体而言,奖励意味着一份认可,是容易并乐于为学生所接受的;但惩罚,总与错失相伴,既勾连着否定又是成长中的在所难免。适当的惩罚确实可以矫错纠误,但沦于套路的惩罚模式又特别容易引发学生逆反、抵触的情绪,难以收到与预设目标一致的效果。

如何把惩罚的警示效力激活又能避免抗体的产生？如何在警示之外还能将育人的目的进一步延伸？受到公开课上一个抽奖环节设置的启示，我尝试设置了"转盘罚单"，避免惩罚的单调，又寓深层教育转化于其中。

为了研究出一份比较可能有实效性的转盘内容，我专门召开了班会，掌握了"自己最不擅长的事情"的一手信息，制作了包括"与同学有效沟通、有效安排自己生活、集中精力做一件事"等内容的表单。如何在这份表单上大做文章又不引发孩子的抵触呢？借着与孩子们调侃的时机，我这样发布："谁再踩到班级规定或我这个班主任底线的雷，我就送你们去'幸运大抽奖'，不可退换，只能接单！"然后又郑重其事地补了一句，"我是认真的，别不当回事。"孩子们也异口同声地说："好！"

班上的伟因为在体育课上把器材乱扔乱放被老师告了状。望着怯怯不安地等待处分的伟，我没有如往常那般一通批评，而是首次让"抽奖转盘"亮了相。红橙黄绿青蓝紫组成的7个不同的区域里，空无一字，当指针指向绿色区域后，揭开皮表，里面呈现的是"有礼貌地为全班同学进行午餐服务一周"。望着伟那略有忐忑又似乎长舒一口气的表情，我火上浇油："敢不敢接？"孩子们马上起哄："必须接单！"于是，一周时间，伟承担起了餐厅领饭、分发食物、提醒同学们珍惜食物、检查餐后卫生等任务，俨然一个班级"小管理"。在这样的惩罚中，孩子的责任意识、担当能力得到了有效提升，罚的目标指向了更好地成长。

其实，在这份惩罚转盘上，我的内容设置是充分考虑了孩子们的"不喜"与"不善"来设置的，每个区域的内容设置也是大有玄机，就拿伟所抽到的绿色区域为例，我设置了三层贴纸呈现惩罚内容：第一层内容是本周主动认识三个外班的小伙伴，把他们的详细资料梳理出来给老师和同学看；第二层是课间及晨会晚点时协调卫生清洁员打扫卫生间的卫生，并承担一项主要任务。而伟，我为他所揭开的其实是第三层，是针对他日常"丢三落四"的短板所量身打造的。每个版块后面都是重重叠叠大有玄机，每个孩子需要增补的成长营养和历练，也被我尽己所能地纳入到了这一张充满新奇的"幸运"大转盘上。

奖与惩，其最终指向都应该是人的健康发展与生命完善。因此，在班级管理中，我们有必要在进行奖励或惩罚时做更深入的思考：如何做才能更切合孩子生命成长的心理接纳，怎么引才会更有利于人的成长和发展！奖罚营养餐的打造，需出新，更需用心。

来一次"三方有约"的期末表彰会

"咱们学校的学生情况这么特殊,既找不出多少成长的闪光点拿出来亮相,也不适合搞大规模的期末表彰活动,同往年一样,学校买了些奖状和笔记本,各班主任自行回班发放下去鼓励鼓励学生再好好强调下假期安全就出校吧!"学生放假前一天,学校领导这样把工作做了部署。

走出会议室,内心颇有一种"年年岁岁花相似"的怅然。如此表彰,一次两次,孩子们看着写有自己名字的奖励还有些兴奋和自豪,但几年老调常谈下来后便早就没有新鲜劲儿了——发不发奖都没关系,早点能回家撒着欢地玩才是真的。课任老师也是无精打采地感叹着:"又辛辛苦苦熬完了一学期,普通学校的老师还有个学生考出来的分数给辛苦一份交代,可我们呢?老师累死累活学生进步微小不说,家长还毫不领情地认为就看那么几个孩子有什么工作压力……"

一场班主任无味、学生无感、课任教师还找不到存在感的期末表彰会有什么意义呢?难道身为班主任的我就不能在遵照学校上层要求的前提下,赋予期末表彰活动以更多的意义和能量吗?几经思量,我做了一次前所未有的尝试。

"亲爱的家长朋友,明天孩子们就要放假出校了,为了和您一起回顾孩子一年来的发展与蜕变,雪梅老师邀请各位家长走进七年级教室,共同为这份美好的成长打一个结……上午九点半,我和所有的课任教师与大家不见不散!"这是通过微信、短信发给所有家长的邀请书。我相信，任何孩子的成长如果少了父母的见证都是不完整的，而学校多年的期末表彰都因为没有普通中小学般期末的综合评定单，而忽视了这重要的一环。

"各位老师，这学期好些家长都来反馈孩子进步很大，也都说这种进步离不开各科老师的辛苦付出，他们明天希望能进一步和课任老师交流，看看接下来怎么样配合才会更好……"我把这变相的邀请信息逐个办公室传达给了老师们。"这批家长还真不错，知道和老师沟通的重要！""家长愿意配合，孩子肯定进步就看得见，这么多年咱们碰到的多少都是甩手掌柜呀。"寥寥几语的反馈，也让我意识到了学生成长中另一个被忽视了的环节——课任老师与家长之间的联系是断了弦的。

当老师、家长和孩子们三方相约，共同为成长开一次表彰会，一定会有更多的理解和精彩生发，我愈加笃信。

在布置成弧形的表彰会现场，我逐一念着学生的名字，用尽量具体的描述来把孩子们的成长进步呈现出来，具体到哪个学科的哪一方面有了什么样的变化，也具体到这种相关变化的程度。每介绍完一个孩子的蜕变后，我都会进行现场采访，让孩子们自己说一说为什么"身体素质好了""计算能力强了""原来不会骑的脚踏车现在能够骑行很长距离了"。

原来清清冷冷的发个奖就放假的表彰模式，这一次却因为课任老师带着祝贺而来，因为父母家人带了见证而来，重新激活了孩子们的热情：他们兴奋地表达着自己的激动和开心，也主动搜寻着对他们的变化给予了诸多帮助的能量源。在孩子们简单地表述中，呈现出的便是"体育老师每天早晨带着我们锻炼，康复训练老师每次上课都扶我练习骑行"之类的精准描述。

有了孩子们这样的回顾后，家长们捕捉到的是平时忽视甚至从来都没有想过的"老师的辛劳"，很容易地便动容动情了："老师，你们太不容易了，普通学校的老师一个人能看好几十个孩子，咱这样的孩子只能一对一。""老师不说我还真没感觉到孩子的改变和进步,原来进步是体现在方方面面的,每一点进步的背后老师都付出了那么多啊!"……原来以为班级只有班主任一个人忙活的家长,似乎第一次意识到自己孩子的成长是与那么多老师息息相关的,而每一个老师都是用了大量的心血才换来自己"特殊孩子"的微小进步。感动,尊重,泪水,笑意,就在这样的表彰会现场里火热地交融着。

　　与会的课任老师也被这前所未见的表彰式会谈场面感动着:原来自己所做的那些点滴学生都是有感知和用心铭记的,原来家长们也是懂得感恩的,原来虽没有"桃李满天下"的耕耘却也会有别样的收获……带着这样的触动,老师们主动和家长交流了起来,对孩子成长中的日常注意事项、假期康复要点等都给出了事无巨细的建议。孩子们兴奋地听着,家长们专注地记着,其乐融融,在教室里漾起了润泽的合作笑容。

　　同样的期末表彰,因为有了三方相约的成长互动而打破了以往单调呆板的壁垒。在这样的活动策划与引导中,我的班级管理工作一下子由原来的孤掌难鸣变成了众人划桨,家长因为了解和理解而越来越多地参与到了学校活动中来,课任老师因为欣慰欣喜而带了极大的热情投入学生成长研究中,这种合力助力学生越来越良性的拔节与发展。

　　三方有约,最终我是用一种细致的回顾打开了明日的新精彩!

以积极思维打底，让班级学风由淡变浓

"不是所有的教学都能起到让学生学习的效果"，初听朋友发出这样的感慨时，我是深不以为然的。想我向来对学生要求严格，对学习严盯狠抓，也是极用心思去研究教材教法、与科任老师探讨沟通的，怎么就可能会没有效果呢？但与那一班学生的相遇却让我不得不承认这样一个问题——当一个班级学风不浓，孩子们面对学习兴味阑珊时，无论教师抓得多么紧，学习效果也都是不尽如人意的。

那是我中途接下的一个班，接班的缘由就是班级整体成绩落后其他班一大截，导致家长心生不满。课任老师也做过调整，学习辅导也屡屡跟进，但效果却始终不佳。反复调查后，才发现班级整体学风散漫，孩子们精力、能力都有，但一提学习就倦怠，不在状态。

"你们就不能把心用在学习上吗？""就这种状态怎么可能取得好成绩？"当我决定沉潜下来努力找寻班级学习问题的关键节点而不得时，不经意间通过录播功能所传来的课堂实录回放声，惊得我出了一身冷汗。这样的声音或与此相类似的行为举止会在孩子们成长的心灵中荡起怎样的涟漪呢？

我回想起了自己儿时的经历：老师无心的批评否定、同学无意的羞辱影射，都会导致心绪躁乱，难以专注于学业中。有时即使历经了很长时间，那种情绪还会时不时地冒出来作怪，可谓影响深远。由此可见，当某种压力情景出现后，孩子们学习的注意力是很难保持的，有时候甚至还会发生转移。因此，要让班级里学习的风气重新浓郁，营造积极的情绪氛围应该是亟须迈出的第一步。于是，我就围绕着"积极的学习氛围构建"做了一系列的工作。

改变对学生的评价指导方式，让言语带有积极的温度

既然否定性的评价可能会在学生心中产生长远的消极情绪影响，那么积极的交流表述方式同样也可以用来激发孩子学习的热情。但这种积极交流决不能是一种简单而笼统的赞扬，而应该是对学生具体的学习行为和努力状态进行鼓励。

因此，我先与班级所有的课任老师达成一致：针对学生学习的评价，尽量避免用类似"同学们，今天做得不错"之类的含糊言语进行定论，而是具体到"你们每个人都在小组合作学习中竭尽了全力""你理解了这段文字，一定是在阅读方面下了大功夫"……这样的评价语言，其实是一种积极的引导，让学生明白自己到底可以做什么、怎么做。同时，评价时也要由对能力的赞美转向对努力过程的肯定，帮助学生养成成长型的思维模式，进而提升学生面对问题时不折不挠的精神和行动力。

当然，在与学生沟通时并不总是需要表扬谁、肯定哪个方面，有些时候也是需要发布命令的。我和班级教师团队就互相提醒，避免使用让学生误解或曲解教师意图的命令。比如，如果老师通过提问学生"现在你应该做什么？"来传达自己的命令提示学生该拿出本子时，学生有时候很难理解教师真正的意思，可能就不会对这种间接命令做出反应。与之相比，"孩子们，现在让我们一起挑战计算练习吧"，则既能让学生明了行动目标，又给了他们一种积极亲和的心灵暗示。

提升教师自身的积极情绪状态，为学生营造正向能量场

如果有人把班级这些孩子的名字如罗森塔尔曾经所做的实验那般列入"最有发展前途者"名单，如果有人告诉你"这个班级的明天会比今天更优秀",那么身为老师的你还会介怀当下的这种颓靡不振的学习之风吗?

美国杰出的心理学家吉诺特认为:"正是教师日常的情绪主宰着课堂的晴雨,也正是教师个人的教学方法决定了课堂学习的气氛。"毫无疑问,作为教师我们拥有极大的力量使学生的学习生活变得痛苦或者愉快,我们以何种状态面对和回应也就决定了课堂上消沉的危机是扩大还是减少。因此,利用教师自身积极的情绪状态不断创设课堂的学习环境,使学生学习的愿望最大化,应该是改变班级风貌新的着眼点。

因此,我联系班级课任教师组成了研究共同体,为学生们的学习创造一个支持性的环境。一是教师进课堂前对自己进行积极地调整。面对一个学习氛围不浓、风气慵懒散漫的班级,师生间其实是很容易陷入怪圈的——一旦进入这样的班,教师激情难再,感觉被卷入了低迷的漩涡;教师的低沉又反过来让学生更难提振精神。但是当教师在课前给自己积极的暗示后就会不一样:今天是新的,只要我在状态,学生也肯定没问题。教师这种微妙的变化很容易就于无声之中影响到学生。二是把学生置于课堂的中心来构建积极的学习关系。我和班上的老师们总是尽量地以融入、亲近、关怀的态度走进学生的生活,而不是以权力和权威的姿态仅仅出现在课堂上。当学生愿意"亲其师"后,在课堂表现上自然就会更加投入和专注。三是把学生的课堂学习积极与生活相对接。学风不浓的主要原因是好多学生提不起兴趣,当教师善于将生活中的一切作为一种信手拈来的资源,使其和学生学习内容相整合时,学生自然就乐得在可以充分探索、感悟和体验的时空中主动学习。

当转变了思考问题、面对问题的方式,用微妙却又积极的状态重新连接起学生与学习之间的桥梁时,学生对学习的兴趣便渐趋浓厚,班级的整体学习风貌也便日日向好。

合理定位，打造班级育人良性共同体

收到一位班主任的吐槽："不怕学生不给力，毕竟只要有些教育智慧，孩子们都是很愿意围着班主任转的；最怕队友不合作，一个班上这么多课任老师，各管各的课，各抓各的分，他们看到的永远只有自己的那一亩三分地……"

确实，班级是一个大集体，这个集体的和谐运转有赖于班主任和学生之间良性关系的互动，有赖于家长群体对班级工作的支持和参与，但更离不开课任老师们的鼎力合作与参与。在班级育人的共同体中，班主任是一颗定盘的星，学科老师是那些温热有度的光，只有星光相交相融，教育的天空里才会有和谐的璀璨绽放。

如何将班主任和学科教师的教育力量有效凝聚，打造出一个良性的班级育人团队呢？"定位"是关键。毕竟，人是一种社会性动物，只有在社会关系中找到属于自己的坐标，在班级发展中感到拥有不可或缺之位，意识到自己是班级建设组成的重要一环，教师团队才能够以"聚成火，散为星"的状态为着共同的朝向奔行。而在定位调整的过程中，班主任这颗定盘星就需要有灵活的转向调节能力，巧妙点拨引导，为育人共同体的打造埋好伏笔。

班主任要为自己与学科教师关系重新定位

作为班主任，如何看待自己与学科教师间、学科教师与班级发展间的关系非常重要。如果在你眼里，自己是这个班级唯一的管理者，是班级活动当仁不让的策划者，是班级发展的核心人物，那么，无形中就会淡化了学科教师在班级发展中的位置，进而也会把一颗固化的种子植入他们心中——"班级是你班主任的地盘，上好自己的课就是我所能做的事。"一旦有了这种认知，当班级发展过程中产生问题或者需要做出调节的时候就会遇到麻烦，毕竟各自为政，任课教师只需"扫好自己课堂上的雪"就行了，哪管你班级管理中"积聚了多少霜"。当教师群体间缺乏沟通，缺少配合时，班级发展的大盘势必会失衡，并且会向着施力重的地方倾斜。

因此，敢于打破自己"我是班级主宰者""班级事务自然我说了算"这一类的思维定式，是班主任立足于集体发展中最应当做出的自我调整。学科教师是谁？他既是某一门课程教学的执行者，也是孩子们成长路上不能缺少的引领者，更是我们在班级管理中最为重要的合伙人。一旦厘清这种关系后，班主任就完全可以化被动为主动，以邀请者的姿态主动抛出合作之枝。

在我自己的班级发展建设中，以下两点尝试都曾有效促进过与学科教师合作关系的建立：

一是成长分享。任何一种职业，没有收获的喜悦感和成就感，都难以产生热爱；没有热爱，任何一种职业都可能是无趣的。身为班主任，我们决不能让科任老师觉得自己除了上课外属于可有可无的角色，而应该帮助他们找到在班级发展中自己独特的作用和存在。在我的班上，孩子们书法比赛得到了肯定，我首先去感谢语文老师、书法老师对孩子们平时的用心指导，成绩的取得与他们的付出分不开；运动会上取得佳绩，我会归功于体育老师和我一起用心训练，精心排兵布阵；科技制作中孩子们的表现抢眼，所有理科老师都功不可没，是他们引发了学生的思维与创造……任何成长喜讯我都会敏锐地找寻到课任老师付出的痕迹并主动向他们汇报分享，这种汇报分享既能让他们感受到自己的专业指导价值，又是一种无形之中的心理暗示，在这种"全是因为有了你"的标签下，任课老师会感觉到自己对这个班级良性发展的作用之大、对学生成长的影响之重……当人人都以班级发展为中心，都以孩子们的成长为重心，一切沟通、分工或合作便都因为共同目标的牵系而有了温度，有了凝聚的向心力。

二是疑难求助。身为班级发展的掌舵人，我们必须学会放下自己的身段，从无所不能的虚假角色定位中走出来，承认自己的背景、经历、知识结构、能力素质都是有局限性的。要弥补这些局限，就要学会向他人借力，而对学生们比较了解的任课老师，应该是我们借力的首选对象。比如，班上的学生情绪上有了小波动，我就会找个机会邀请班上所有的学科教师共同分析原因，提供转化参考；如果管理上有一些难以破解的问题，我也会诚心地把问题摆给大家看，让老师们为"咱们班"的发展支支招……这些微小的细节都是一种无声的昭示——我们是一个整体，班级的发展离不开你。更何况，有时候从不同视角审视问题而提出的化解之法，确实会有意想不到的神奇之效。在这种合力解难的过程中，更容易形成群体间的理解、支持与合作的默契。

人固然是社会性的动物，但更属于情感性动物。当感受"班级的成就有我的参与"时，谁还会介怀"这是你的班还是我的课呢"？毕竟，我早已于无形之中将老师们与班级发展拴在了同一根绳上。

班主任要引领学生重新构建与学科教师的关系

有一种现象大家肯定会有同感：在学生心目中，班主任老师是"亲妈"，课任老师除了上课时存在外，其他时间就好像是学生世界里的"路人甲"。这里面固然有着"任课教师上完课就走人"的客观原因，也和学生心理上无意识构建的关系亲疏度有关。毕竟，孩子们是按传统的主观认知承袭着这样的思维的——班主任才是这个班的管理者；有问题就得找班主任……

其实只要稍加思考，作为班主任的我们就会发现：自己绝对不是包

治百病的江湖神医。当学生成长中有了困惑、学习上碰到了疑难、情感中有了厘不清的纠葛、身体上有了磕磕碰碰，班主任本人常常无法直接发力，更多时间都只是在扮演着成长助力者这样一种角色，即帮助学生找寻化解问题的途径，联系人力或物力扶助资源等，这些资源自然也包括各个学科的任课老师们。但这种求助是由班级学生带着自己的困惑主动与不同的老师联系还是由班主任出马解决效果是大相径庭的，前一种直接求助行动隐含着学生对任课老师的亲近、信赖、认可；后一种绕了许多弯弯才传递到学科老师那里，更多的是疏远、借用权威施力。这种明显的亲疏之别是会隐性地影响到学科教师对一个班的情感与付出力度，甚至会波及与班主任之间的合力效度的。

作为一名班主任，我们不能只是富有热情地投入自己的班级管理和教学过程之中，还应该以这种热情去引导和激励学生们的情感发展。在我的工作实践中，向"情"借力一直是维持我的班级与我们班课任老师亲密关系的有效法宝。

首先，班主任不做中间人。

既然班主任的替代求助其实是无形中拉远了学生与科任老师的关系，我们为什么还要做那种出力不得好的愚蠢事儿呢？更何况，育人过程中孩子沟通能力的培养，也是为人师者所不能忽视的问题。因此，在我的班级管理中培养学生问题解决之能力时，我会为学生灌输这样一种观念：不要凡事都找我这个"妈"，先得自己找寻问题解决之道，不行了就去想找谁才能直接解决问题，然后礼貌地去求助。说到更要做到，当学生习惯性地有问题找班主任时，我常常两手一摊："这件事我没有办法直接帮你，相信你自己会找到合适的老师求助！"时间久了，有事时学生自然知道该求助何方。而被求助的老师们也完全换了面貌："这个班上的孩子总是和我很亲近！""你这孩子，真不让人省心。"念念叨叨之间透露出来的，却全是老师们无可藏匿的亲昵与被需要的幸福。这些在亲昵与幸福之中沉浸着的老师，是肯定不会把自己当成班级管理中的匆匆过客的。

其次，要善于撬动情感链。

心理学上有一种效应叫闪光灯记忆，即当有情感涉入时，事件会通过记忆系统进行优先处理。师生之间亦是如此，当教师与学生的交往间融入了更多的情感因素时，师生间的情感链接之桥便会越发顺畅紧密。有一年的教师节，一推门班上的孩子们便齐刷刷地唱起了《我的好老师》，这是根据儿歌《我的好妈妈》改编而成的，还有的孩子配合着歌词把我按到了凳子上，为我揉捏着肩膀，那一瞬间我被孩子们感动得湿了眼角。在感谢孩子们的同时，我也没有忘记提醒：每一位老师都在为你们的健康成长默默付出着……不动声色地提示下，孩子们肯定不会忘记为每一位课任老师都送上诚挚的祝福。教过我们班的学科老师都没少感慨过："从没见过这么用心有情的学生，一个老师最大的幸福莫过于此……"在这种亲密情感的维系下，每位老师都觉得这就是自己的班，为这个班的成长尽心尽力就应该是自己的分内之事。

学生的向师、信师、爱师之行，于任何一位老师而言都是醇澈的甘露，更能够唤醒老师心中蓄势待发的生命力量。而班主任，在这其中所扮演的，就是学生思维情感的导向者和重新归位的引领者。

科任老师可以变成班级发展的助推力量，班主任与科任老师的关系也完全可以变成优秀班级建构的合作者，但前提是班主任先得自我定好位、为学生定好位，中心位置定准了，所有的力量才有可能汇聚成合力。

从"新"开始，让颓废的班级重焕成长精彩

有时候不得不承认，班级的发展就如同人一样，往往是会带着气场的：有的平和，有的昂扬，有的活跃，有的内敛，各有各的精彩。但我新接手的这个班却是例外：上课的时候一片死气沉沉，课间又能将大半个校园搅得天翻地覆。"在特校做了近二十年班主任了，这样'扶不起来'的班还是头一次碰到！"同事很是无奈地慨叹着，对于将由我去接这么一块烫手的山芋更是充满了同情。但领导的理念似乎更充分："杨老师善于研究，还有一定的心理学基础，她去试试最合适！"

如何接？怎么带？其实自己毫无头绪。但我想，既然这个班前面的两个班主任已经都"败走麦城"了，我无论如何都得坚守住。

给孩子新感觉，不问过往

"还是去和前几任老师了解下每个孩子吧，那些上课神游、下课闲散得乱逛的，还有一谈学习就没劲、一捣起乱就来神的……你得对他们有所了解，做重点的盯防！"同事们这样建议着。"要不要把那些总能搅坏一锅粥、从来不让人安生的家伙给你详细介绍下，这样你才知道该从哪入手？"前任班主任们也纷纷跑来打算提供精准信息了。

"算了吧，都在一个校园里，该听该看的也了解得差不多了……"婉言谢绝的背后是我相对理性的审视与思考：难道之前的班主任在接手前没有做过详细的调查吗？没有去摸清楚每个孩子的底细吗？肯定有过！知根知底了就能够"战无不胜"吗？看看之前几位的败走，显然不

是。了解这东西，只有在恰切的时机才能发挥出正向作用，有时候于敏感的成长心灵而言，了若指掌也可能意味着身上没有了最后的那一块遮羞布。

"同学们好，接下来这几年的时间里我将会陪伴大家一起走过。虽然看着你们的面孔都很熟，但老实说，对每一个人我还真谈不上了解，因此，也对咱们这个新集体充满了期待和好奇。这样吧，同学们先轮流着做个自我介绍，你的姓名、兴趣爱好、家庭状态、好友等，想介绍些什么都可以。"这是在新班里我的开场白，寥寥数语，我刻意地透漏这样一种信息：我不是有备而来的，对你们每个人我都比较陌生。

"先从我来吧，我是你们的新朋友杨雪梅，走上教师这个岗位完全是受了我中学时候班主任的影响。那时候我是个贪玩、对学习完全提不起兴趣的孩子……"把自己曾经"不良"的老底自然而然地就掀给了孩子们，在我的讲述里大家很快就放松了下来，于是，接下来他们的分享自然也就轻松随意、没有太多拘谨了。

就这样，一个"懵懵懂懂"摸不清每个同学的状况又暴露了自己很多缺点的班主任就走马上任了，在对学生们的交流总结进行回应的言谈间，我还透着这样的需求："我对咱们班一无所知，有什么不明白的还得请同学们帮我支着哦！"把孩子们摆在高位、摆在主位，班主任的"无知"和学生们的新鲜很快就碰撞出了火花。其实，这个"新"亮相，我主要是想把孩子们课堂上的精气神给提起来。

给班级新能量，活动助力

上任之初能赢得孩子并不意味着这样的状态会一直持续，也并不意味着就可以按部就班地用常规的管理使班级步入正轨。沉疴旧疾的化解，需要时日更需要智慧的慢火熬煮。几经思索，我决定以活动来助力班级发展，先提振精神、把散沙凝聚起来，在这个坚实的基底上再去建设集体成长的大厦。

"我有一所房子，面朝大海，春暖花开 / 从明天起，和每一个亲人通信 / 告诉他们我的幸福……"周一的早晨，别的班都按学校要求关着门晨读，以避免相互之间的干扰。我却带着孩子们在读诗，响亮的声音穿透了整个校园，惹得路过的人都纷纷驻足往班里看。"怎么不关上门，这样不会影响到别人吗？"分管领导前来制止，我马上找了理由："不是让我试着改变班级面貌吗？这也是我的方法之一……"

任何孩子的内心都是渴望着外界的关注和肯定的，我班里的这些学生虽然表面上看起来对一切都无所谓，但从心理学的角度来解读的话，恰恰是对"求而不得"的掩饰。

当响亮的晨间读诗吸引了众多眼球和巡视领导的赞许后，孩子们越发的精神昂扬了。在一个周二的晨间，我和孩子们用他们最喜欢的曲调编写了一曲班歌，并用歌声的嘹亮表达出"我们三班"的气势与面貌。同时，还带着他们去学校的生态园里"寻宝"，去操场上开展集体活动，去舞蹈教室里编排班级小品剧……借着花样的活动，我让孩子们听到了越来越多外来的认可之声："这帮孩子原来这么有热情呀！""小家伙们真有精神！"

于我而言，每个活动都是用心筹谋，在为凝心聚力做铺垫；每次展示都努力创造机会让更多的人听见、看见这帮孩子向上向好的一面，在他人的评价与感叹中帮助学生重塑自信。几个月后，曾经那个松松垮垮的颓废班级形象已经荡然无存了，新面貌的班级、新状态的孩子带着鲜活的能量又活跃在了校园的大舞台上。

给生命新状态，影响成长

当一个班级不在状态地游离于校园时，孩子们的学习成绩自然是"不好看"的，这种长期的"不好看"其实也一直在打击着他们成长的信心——我就是差，就是比不上别人，根本就不是学习的"那块料"！

反复审视，其实主要原因还在于孩子们心中对于能力有着偏颇的理解：能力好像是与生俱来的，固定的。对此，我常常在课余时间看似随性却别有用心地和学生找话题交流。他们关注篮球，我就和他们聊NBA史上伟大的球星迈克尔·乔丹，从其成名轨迹中让孩子们明白乔丹并非生来就会打球，而是努力历练才成就了自己的伟大；他们喜欢TFBOYS，我就搜寻与三个人的奋斗成长有关的文章读给孩子们听，让他们懂得汗水和收获总是相伴相随的……

之所以选择孩子们感兴趣的话题切入，是因为这样更容易触碰到他们成长中的心弦；之所以要分享偶像名家的成名史，是因为我发现了成长中学生们往往忽视了这样一个问题：决定成长的第一步不是你是否努力，而是你是否相信努力。因此，在和孩子们相处时，我一直都在传递着这样一种信念——明天的我们会比今天的我们更优秀。只有当大家都相信明天可以更出色时，今天的失败才不会被过度介怀。

另外，在对孩子们进行评价时，我尽量不关注成绩与分数，而是关注孩子们为了学习付出了多少努力、为了成绩提升采用了哪些方法、为了弥补之前学习上的缺漏流了多少汗水等内在行动因素，当我的肯定落在学生拼搏的状态上后，他们自然就更乐于以努力的样子朝着更好的方向迈进。

同事们开玩笑地调侃："果然还是杨老师'回天有术'，竟真的能把这样的一个颓废至极的班带上正轨。"其实我深知，如果一定有所谓的扭转之术的话，那一定是基于对心灵的理解和关照。班级管理绝不是一门技术活，而是与一颗颗鲜活的童心相交相融共存共生的过程，若我们班主任能时不时地一反老调改唱新曲，孩子们可能就更乐于以焕发的姿态重新去拔节生长。

个性发展：班级文化建设的应有之义

"又提倡多开展班级文化活动了，在咱们特殊学校，搞这样的形式有什么意义？""谁说不是，特殊孩子的教育中，什么也不如扎扎实实地教点知识和技能来得实在！""我得赶快上网买点材料先往墙上贴一贴，咱的学生什么忙也帮不上。"……学校群里的一句"各位班主任要开展丰富多彩的班级文化活动，促进特殊学生健康成长"的倡议，让办公室里开始有了抱怨之声。

在这些此起彼伏的抱怨声中，我发现了两个问题：一是班主任们意识不到文化对人健康成长的引领作用，更意识不到特殊的孩子尤其需要文化的滋养；二是大家往往窄化了班级文化的定义，认为只有有形的、可视的才是班级文化，却无视那些看不见的、对成长同样重要的因素。

在我看来，班级文化是一个班级发展的灵魂，既彰显了班级鲜明的个性与形象，也让一个群体有了独特的气息。更重要的是，在一个动态而系统的发展进程中，无论是隐性的文化底蕴还是显性的文化彰显，其着眼点都是以文化人，调节并满足个体的成长需求，约束并规范个体行动，进而培育出全面发展的人。只是，我们所面对的学生个性不一，班级文化倘若千篇一律，肯定满足不了他们独特的发展需求。因此，良好的班级文化必须得是量体裁剪、依性打造的，只有这样，学生才能获得各自所需的营养，拔节生长。

投学生所"好",让文化彰显个性

班级文化应是一种基于学生的个性差异而形成的特色文化,对学生群体的行动起着无声的引领作用。因此,顺势而为营造文化气场,方为班主任的智慧管理之道。在我自己的班主任生涯中,对班级文化的打造我会重点考虑学生的差异和兴趣。

(一) 基于共性关照差异

我的班级里有十多个截然不同的生命个体,他们都亟须被关注被满足。在如此复杂的大背景下,我该怎么样去打造个性的班级文化呢?首先,我得基于学生成长的阶段性规律来定位。因为不同学段、年龄段的学生对文化氛围的察觉度与敏锐度、对文化的理解力与感知力是不一样的。其次,我还有必要不断提升自己的总体规划意识,从整体去构建班级文化。有了这两个大方向,我再从学生个体的差异入手去构建班级文化,便能最大化地满足学生的个性发展需求。

先前,学校在我所带的班级当中开展了特殊学生阅读改革推进实验。毫无疑问,我首先要着力打造一个以阅读为主的学习共同体,这样,阅读素养的提升才能成为这个班级的文化追求。如何既能从共性出发,又能关照个性呢?我便费了好大一番功夫摸清了学生的兴趣所在。最终,我根据学生平时的阅读喜好成立了不同类型的读书会,如诗歌散文、经典小说、科普知识等,然后由学生根据自己的兴趣自由选择加入某个阅读小组。其实,在任何班级活动中,我们都可以结合学生的小群体优势来做风采展示和特色策划工作。这样的班级文化建设,学生才能明显感受到自己的兴趣爱好得到了教师的尊重和认可。

(二) 着眼兴趣搭建平台

班级文化建设需要一个合适的载体来实现,而学生的个性发展及兴趣爱好也需要通过一个恰当的平台来展示。因此,我在班级文化建设时就有了更加清晰的认识:班级文化活动策划不仅要尊重学生与生俱来的个性，还要关注学生当下的兴趣爱好和认知经验。只有当学生觉得自己在班级里是被接纳被认可的，他才能够在集体中承担一种积极的角色。

以前我曾经带过一个班，班里的学生规则意识较弱，经常令任课教师头疼不已。经过一番观察，我发现有一部分学生是 NBA 迷，但凡有一点时间就凑在一起聊比赛、侃球星，甚至有些学生半夜三更还爬起来看直播；还有些学生沉迷于观看各种网络视频去获取明星新闻，连课上都要递小纸条或不时耳语交流几番。面对这样一群"不安分"的学生，严肃批评和强硬阻止肯定不是上策，甚至会僵化师生关系。为了解决这些问题，我就在班级文化设计上费了些心思，从两个方面入手：一是在班级显性文化布置上开辟了"赛场纵横"和"成长有你——说明星"专栏，主动帮学生们把遮遮掩掩的行为变成光明正大的行动，赢得学生的信任，避免"禁果效应"的产生；二是积极开展各种活动，把学生引到运动场上去，引到网络资源的开发与设计上去，引到对偶像成长奋斗经历的关注并以此激励自己的道路上去……这种关照兴趣式的班级文化构建，拉近了师生间的距离，收获的自然是一念之转后的晴好与明媚——学生们不再在课堂上随意地交流，从而有了较强的规则意识，获得了任课教师的诸多夸赞。

补学生所"短"，以文化弥补缺憾

班级文化建设的意义到底是什么？毫无疑问，用文化的理念统领班级工作，用文化的氛围熏陶学生，通过文化互动影响学生的一言一行，这是我们进行班级文化建设的根本目的。顺着这个目标，一切行动的最终着眼点才会落实在提升学生的人文素养、提高学生的综合素质这个大方向去。

既然班级文化最终的落脚点是要关照到人的发展、为学生的成长奠基，那么仅仅关注学生长处、满足他们的单一需求肯定是不够的，我们还必须意识到学生身上的短板和劣势，促进他们均衡发展。我的班级管理中主要进行了两方面的相关尝试。

（一）用故事丰盈情感

当下，很多学生都存在这样一个问题，即情感的迟钝与缺失。以我所带班级为例，有的学生视父母、家人的关心照顾为理所应当，只会变着法地提要求而不知感恩；有的学生对老师的辛苦熟视无睹，认为老师只是在完成工作任务；还有人对同学及对身边人都是一副冷漠的表情，好像眼前的一切都与自己无关……这些情感问题，绝不是我们一味说教、简单灌输就能改变的。对此，我以"故事"作为情感启动素材，每天坚持用叙事的方式慢慢撬动学生冰封的感情世界，内容涉及成长与亲人、成长与师友、成长与自然生命等不同主题，为存在各种情感问题的学生提供有针对性的指导。

（二）以活动强健心理

任何一个班级的发展都离不开文化活动的支撑。当意识到班上的学生们进入青春期，心理开始出现了波动后，我决定向班级文化活动借力。当学生们在"体育节"上失利时，我借机与班上那些承受力差的学生们聊比赛、聊得失，引导他们明白失败是一件很正常的事，并与他们共同以褚时健老先生身经坎坷仍能重新崛起的经历制作了一段面向全班的哲理小视频；期末考试前的全校动员大会固然是为了提振精神，但我捕捉到一些学生也从中感受到了很大的压力，因此特意与他们分享自己当年考试之前的一些备考经验，进行复习方法方面的指导，有意识地为学生减压……每一次活动的开展，都是一次心理抚慰与疏导的契机，因为有了"防患于未然"的先见之行，学生在成长过程中便能充分地享受到班级文化的滋养与浸润，少走很多弯路，以更加积极向上、健康阳光的心态面对学生生活以及未来生活。

我认为，个性发展理应成为班级文化建设的应有之义。而身为班主任，我们唯有依照学生的个性来筹谋构建班级文化，有度收放、按需打造，才有可能让每个生命个体自由呼吸，自主成长。

为网络时代学生的成长量体裁衣

向我求助的家长越来越多:"老师,你说咱的孩子学习跟不上趟,可玩游戏却有的是精神。""天天被迷恋网络的熊孩子快气死了!"其实不仅家长头疼,我们这些班主任很多时候亦是束手无策:五花八门的游戏,层出不穷的App,永远刷不完的朋友圈和小段子……这一切的一切,都将孩子们对世界充满好奇的目光锁牢。

在成长与网络之间,和很多班主任一样,我一直都在尝试将孩子拉到岸上来,似乎"网"海无边,唯有上岸方能修得正道。于是,就有了苦口婆心的规劝,生看硬防的禁锢。可当发现这种种措施全都无效后,我意识到在孩子和网络这解不开的纠葛间,成人做的多是些无用之功。

这个时代就是一个网络为媒的时代,许多师长心中所幻想的让孩子下线离网根本就是一个无法完成的命题。因此,在自己的班级管理中,我尝试着变堵为疏,为网络时代学生的成长因势利导、量体裁衣。

由"刷别人的圈"到"吸自己的粉"

芳是一个"圈子迷",朋友圈里谁出去旅游了,谁晒娃、遛狗了,谁做微商后又沉寂了,谁需要砍价、投票了,她都如数家珍。有一段时间,我一直在分析:对别人的一举一动都那么关注的孩子到底需要的是什么?为什么别人的圈子里一有风吹草动,她总能第一时间伸出"大拇指"赞个不停?有没有这样一种可能:过度关注别人的孩子其实更加渴望别人对自己的注意与肯定呢?

做了几次不经意的尝试后，我内心的猜测便得到了证实。"杨老师昨天给我拍的照片点赞了！""我朋友圈里发了个智力小测验，几十个人都没猜对呢！"……从芳的言语间不难体会到：于她而言，有人关注就有了存在感。

"芳，听说你把中国这上下几千年的历史已经读得非常通透了，杨老师真佩服你。"芳是一个谜题般的存在，对阅读充满了兴趣，但数学成绩从来不会超过10分，动手和实践能力也相当差。当听妈妈说芳很小的时候就对历史典故兴味十足，待小学毕业时，不但把几千年的历史脉络摸得门儿清，还读了《哈佛中国史》《讲谈社·中国的历史》等众多来自国外视角的研究著作后，我决定换个方向来引导。"老师，这个您都知道呀？"孩子有些吃惊，也有着藏掩不住的兴奋，她哪里知道我可是有备而来的呢。"历史知识，还真是难不倒我呢！"

"你也知道，杨老师一直在推动全市的中小学生阅读。唉，要是孩子们都能像你这样爱读、善读就好喽！最近我发现很多人对我们国家的发展完全是一无所知的，身为中国人不了解自己国家的发展历程该是多么大的憾事呀。所以我接下来的阅读导向想更多地指向史学。不过，杨老师在这方面也是个门外汉。这不找你商量来了嘛！"

班上的孩子多把我这个班主任当成自己的"同党"。"同党"有困难，在他们看来，是无论如何都要出手相助的，芳也不例外，表示会全力支持我。于是，我趁机提议：网络时代，如果我们推书荐书的话大家是没有耐心去读的，不如由芳结合着自己丰富的学识，用独特的视角把各个朝代的关键事件做个梳理讲解，然后以微信公众号的形式发布出去。这样，只要关注公众号的人每周都有三两天可以读到一段简短又精彩的历史。

当听说我会向全市学生家长介绍自己的公众号后，芳马上就开始行动。很快，这个由中学生创立的"说中国通史"栏目就吸引了全市中小学生的关注。芳在归结设计的时候也是极具慧心，"南朝梁齐同根生，一笔写出两个萧""女皇武则天日月当空，名相狄仁杰万世流芳"……一个沉迷于别人朋友圈里的孩子，因了这一特别机会而吸引了无数属于自己的粉丝。更重要的是，芳总是在意别人的目光、别人的世界、别人的状态，那种浮躁的心绪因了这份"说史"的专注而沉静了下来，在学习上自然是越来越入佳境了。

由"沉迷视频"到"痴迷创造"

文是个聪明、有想法的脑瘫孩子，前段时间他的妈妈却无比忧心地告诉我"孩子整个心思都在抖音视频上，拉都拉不回来！"更让家长忧心的是：面对沉迷的孩子肯定不能不管，但稍严厉一点，这个青春期的半大小子就弩拔剑张。

文的沉迷虽令人心焦气急，但我还是一次次告诉自己：要冷静，不要因为无效的说教破坏了我和孩子原来和谐亲密的关系。对于沉迷者的转化，绝不是着急就能看到效果的。反复地旁敲侧击，多方地问询探听，竟然被我归结出了文喜欢刷的视频类型：多是聚焦于技能和教程类。怪不得在许多班级活动中，我都觉得这个孩子的点子特别多呢。看来，迷恋于其中难以自拔的孩子也不是没有学到有用的东西，问题的关键在于怎么样进行良性的转化。

带着挖金子般的探寻和专注，我还真在文的身上挖到了宝：让扑克牌立起来、让纸飞机飞得远、自制弹力投石器……文身上这些看似神奇的绝活儿里不正蕴藏了许多利于孩子们成长的科学知识吗？我一步一步地诱导："你说，什么样的盐水中才能浮起鸡蛋呢？要怎么样操作这个实验？有没有科学根据呢？要不然别人会觉得你学过魔术呢！"借着这样的追问，我告诉文，自己对他的这些小科技、小实验非常赏识，想邀请他利用钉钉直播给同龄人上一节科创实践课。

为了让自己的操作演示更直观，文邀请到了学校里的"小电脑通"作为他的视频网络技术总监，还成立了临时直播小团队；为了让实验制作有理可循，他通过网络、书籍查阅了大量的科学依据；为了让自己的解说浅显易懂，他一遍遍地修改练习着解说词……第一场钉钉直播"谁的飞机飞得远"吸引了近百人参与体验。

当所有人都对文的网络直播首秀表示祝贺后，我趁热打铁，与校长商定每个月由文直播两场以"科技、制作、发明"为直播主题的网络讲坛。为了备好课，这个沉迷看视频的男孩开始有了转变：忙着研究小制作，忙着向科学老师请教各种各样的专业问题。

由"娱乐八卦"到"聚焦成长"

我一直都知道班上的孩子有属于自己的微信群，也无比好奇他们在群里都做了什么，聊哪些话题。无奈人在群外，始终不得入门之法。

是一位家长发来的告状截图帮了我的大忙。"杨老师，你说现在的孩子就知道追星、爆料、聊游戏，精力哪有一点是用在正事儿上的呢？"点开截图一看，可不，"xxx实在太帅了，这样的脸拍起照来肯定是360°无死角。"这是典型的花痴状；"我们'老班'看起来淑女一枚，行动起来风风火火，你们说她是不是矛盾附体了……"好吧，料都扒到我身上了；"猜今天打了几头怪？"这样迷幻的网络术语，我实在是不知所云。

转念一想，谁的青春不追星，谁的成长没八卦，谁的年少不贪玩呢，所有的言行都可理解。但是，如果能够让我找个机会介入的话，也许效果会大不一样。

于是，在等不来好时机混进孩子群里后，我决定自创机会，拉上班级中我的那几个"铁粉"学生也建了个群。我晒自己某天出游的穿搭，惹来几个点赞之后我借机谈谈自己对生活艺术和对美的理解；我也聊自己的偶像，分享在遭遇挫折后从对偶像人生经历中获取的精神力量；我回顾体验过现实、网络上玩过的游戏，剖白自己后来发现玩很无聊、生命无所归依的迷茫；我从孩子们的对话中捕捉他们的困惑和喜悦，顺势推荐起自己读过的类似的书刊读物……孩子们的世界里哪里憋得住秘密，慢慢地，有些孩子和"老班"拥有了特别亲密群的消息就藏匿不住了，其他的学生纷纷求"开门"。

把所有同学都吸引到由我掌控的群里后，我们也会继续聊孩子感兴趣的明星，但因为有我的体验和分析在参与，孩子们的崇拜中多了理性与审慎。针对社会上的某种现象和热点话题，我也愿意和他们"八卦"一番，但我的"卦"里更多的是辨析能力的提升和向善向美的引领。看似随性闲谈，我最终的指向都聚焦到了与孩子生命、成长相关联的那一面。

网媒时代，班主任何为？我想，与其因切不断的网生生拉开师生间的距离，倒不如变网络为资源，尽可能为学生的个人发展裁剪出合体的"成长衣"。这份裁剪，源于敏锐的捕捉，更源于智慧的转化。

用故事和学生谈"情"说"爱"

"哪个少男不钟情,哪个少女不怀春",爱情若绽放在恰当的时机,就是两朵最美的并蒂莲,可如果过早地萌芽抽枝,就会影响到身心的健康成长和学业的正常发展。

作为班主任,我们面对的是个性十足、见多识广的一代孩子,即使特殊的学生也不例外。当早恋毫无设防地来袭,生硬的说教会拉远师生间的距离,强势的隔离会激起学生的逆反之心……我的处理方式恰恰相反:柔性化解——用温情的故事和孩子们谈"情"说"爱"。

用绘本理解"爱情"

有段时间,学校里早恋风头颇盛,班里的学生也是"蠢蠢欲动",我这个班主任先沉不住气了。

无意间,朋友圈里转发的绘本故事《两只蛋的爱情》给了我灵感:谈论自己,孩子们不愿张口,如果谈论别人,谈论一个物件,他们肯定有话可说吧。于是,早自习时间,我把《两只蛋的爱情》分成三部分来讲述。第一部分呈现的是两只蛋在破壳之前的甜蜜和浪漫,在讲述过程中,我有意识地引导学生就这两只蛋的故事谈谈对爱情的认识、感受及想法,为学生绘制一幅幸福美好的画面。第二部分讲述了这两只蛋在破壳之后,截然不同的生活习惯慢慢拉远了彼此间的距离。讲述后,我让学生再次谈谈对爱情的理解,目的是通过与前期预想的强烈反差对比,让他们认识到现实与理想是有差距的。第三部分直接呈现了结束语——

你看，感情的破裂不一定非要有什么理由，可能只是因为岁月在变迁，彼此在成长……无须过多解释性的言语，学生就已经懂得了爱情之花只有在恰当的时机绽放才能芬芳而美好。

就这样，我用"两只蛋的爱情"安抚了孩子们躁动不安的灵魂，在年轻的心里树起了一块正确的指向牌。

借故事打开心结

如果说向绘本故事借力这个方法更适用于对一个群体进行情感教育，那么面对个体早恋问题时，班主任一定要斟酌再三，善于为学生"量体裁衣"。

所有的人都知道阿龙喜欢班长，而且是绝对的"单相思"。不耐烦的班长跑到我面前告状："老师，他就像个苍蝇一样，我走到哪儿他都跟着，我好烦啊……"

阿龙是个自尊心很强又倔强的孩子，如果贸然找他谈，指不定会发生什么事儿。但是，那天清晨我去班级分管的花坛检查时，那些顽皮的钩到裤脚的苍耳给了我灵感。

"同学们，下午又要卫生大检查。老规矩，我们分头行动。"一进教室，我就忙不迭地布置任务。"阿军和阿壮负责地面卫生，阿龙呢，你和老师一起去看看花坛那里有没有杂物吧！"就这样，我在前面匆匆带路，阿龙提着小垃圾桶紧紧跟着。

果不其然，一圈转下来，我们俩的裤脚上都挂了几个绿球球。"阿龙，看你裤子上沾了什么？""老师，你腿上也有，这些苍耳太讨厌了，不管别人的感受就粘上了。"阿龙闷闷地弯下腰，清理着裤脚，我也蹲下忙活起来。"哎，孩子，你说这苍耳要是变成个人可怎么办呢？我们还不得被他天天粘住吗？来，你这家伙老实点，后面还有，我来搞定它。"我半嗔半怒着。"嗯，那个，老师，我才不要做苍耳这种人呢，请你以后监督我……"阿龙显然已经知道了我的目的。

苏霍姆林斯基说过，教育的意图越隐蔽，越能被受教育者所接受。确实，面对如阿龙这样心思敏锐的孩子，任何唐突、仓促的说教批评都可能是一个激怒他的导火索。可是当我巧妙地制造故事，再进行含蓄的点拨，我和他的交流就有了"守得云开见月明"的清朗。

借谈心指点迷津

"老师，我想和你说点心事，请您帮我保密，求求您了！"小芳塞了封信到我怀里就急匆匆地跑开了。打开信才知道小姑娘是恋爱了。对方是隔壁班的"学霸"，也对她有好感。但两个优秀的孩子都很迷惘：上课注意力难以集中了，回到家里也没心思平静地学习，还有一年就中考了，这样下去肯定会影响成绩的。

放学后，我把小芳留了下来，她一脸凝重和紧张："老师，您肯定对我很失望，会不喜欢我了吧？""傻瓜，怎么会呢，老师当年也有类似的情况，这很正常呀。"听我这么说，小芳释然地坐了下来。

"那是你上初几时候的事？"她一脸迫不及待地问。"初二的时候，我和坐在后面的男孩都对彼此很有好感。后来，我们约定把这份美好藏在心里，等考上重点高中再说。再后来，我们阴差阳错地去了不同的学校……他上大学时我就工作了，他毕业不久我就成家了。""啊，好遗憾呀！"小芳的情绪马上低沉下来。"可是，我并没有觉得多遗憾，因为我们两个家庭情况、性格差异很大，即便真走到一起也不一定会幸福。还是现在这样比较好，我们生活在同一个城市，偶尔也会互相问候。如今还时不时想起他说的话：'都要好好生活，都要好好的'……我相信，这种感觉即使到七老八十了，回忆起来也是满满的温暖！"

"谢谢您，老师，和我分享了一段美好的感情故事。"沉默良久，小芳又开了口："我知道该怎么做了，相信他也会明白。"她一脸轻松地离开了。后来，我看到的当然是克制情感、朝着美好共同努力的两个优秀学生。

"叙事者"发起人王维审说过一句话：故事的魅力在于，它不是敲着我们的头指指点点，而是将教育娓娓道来。我想，用故事和学生谈"情"说"爱"，它的美好之处就在于，可以将心结缓缓打开。